# Guías HBR
# **Mejora tu Productividad**

## Guías Harvard Business Review

Equípate con los consejos necesarios para tener éxito en tu trabajo de la mano de la publicación más fiable del mundo de los negocios. En las Guías HBR encontrarás una gran cantidad de prácticas y consejos básicos de expertos en la materia que te ofrecen una solución inteligente para enfrentarte a los desafíos laborales más importantes.

### Títulos publicados en esta colección:

*Guías HBR: Controla el Estrés en el Trabajo*

*Guías HBR: Presentaciones Persuasivas*

*Guías HBR: Céntrate en el Trabajo Importante*

*Guías HBR: Gestión de Proyectos*

*Guías HBR: Mejora tu Escritura en el Trabajo*

*Guías HBR: Finanzas Básicas*

*Guías HBR: Relaciones de Poder en la Oficina*

*Guías HBR: Inteligencia Emocional*

*Guías HBR: Mejora tu Productividad*

# Guías HBR
# **Mejora tu productividad**

**REVERTÉ MANAGEMENT**

Barcelona, México

**HARVARD BUSINESS REVIEW PRESS**

Boston, Massachusetts

**Guías HBR: Mejora tu Productividad**
HBR Guide to Being More Productive

Original work copyright © 2017 Harvard Business School Publishing Corporation
Published by arrangement with Harvard Business Review Press

© Harvard Business School Publishing Corporation, 2017
*All rights reserved.*

© **Editorial Reverté, S. A., 2018**
Loreto 13-15, Local B. 08029 Barcelona – España
revertemanagement@reverte.com

© Begoña Merino Gómez, 2018, por la traducción

Colección dirigida por: Ariela Rodríguez / Ramón Reverté
Coordinación editorial: Julio Bueno
Maquetación: Reverté-Aguilar, S.L.
Revisión de textos: Mariló Caballer Gil

Impreso en España – *Printed in Spain*
ISBN: 978-84-945629-9-0
Depósito legal: B-22806-2018

Impresión: Liberdúplex, S.L.U.
Barcelona – España

# 1470

# Qué aprenderás

Cada día empieza con la misma dificultad: una larguísima lista de tareas por completar y falta de tiempo. A lo mejor, te dices que para terminarlas todas has de ponerte a trabajar duro de verdad; en otras palabras, saltarte las comidas, trabajar hasta más tarde... O, a lo mejor, te rindes, reconoces que no puedes terminarlo todo y te dedicas a apagar fuegos o a atender los problemas más visibles.

Y, sin embargo, sabes lo bien que te sientes los días en que logras progresar con tu trabajo: te ocupas de proyectos difíciles y estimulantes al mismo tiempo que terminas de resolver definitivamente aquellas cuestiones menores que tenías pendientes. Avanzas de verdad en tu trabajo. En esos días, si las cosas no funcionan, tú las haces funcionar. Para tener más días como esos, necesitas descubrir lo que funciona para ti: tus fortalezas, tus preferencias y tus objetivos.

Tanto si eres un ayudante como si eres un CEO, tanto si llevas cuarenta años trabajando como si acabas de empezar, esta guía te ayudará a ser más productivo.

Descubrirás distintas formas de:

- Motivarte para trabajar cuando no te apetece lo más mínimo.

- Mejorar tu habilidad para concentrarte.

- Asumir menos responsabilidades para poder hacer más.

- Emplear más tiempo en el trabajo más importante.

- Poner límites a tus compañeros de trabajo sin enemistarte con ellos.

- Aprovechar el tiempo libre entre reuniones.

- Tomarte días libres sin que eso te cause demasiada preocupación.

# Contenidos

# Contenidos

SECCIÓN TRES

# Encuentra tu centro de atención

# Contenidos

SECCIÓN CUATRO

## Motívate

SECCIÓN CINCO

# Sé más productivo durante tus viajes

# Contenidos

# Haz un inventario

¿Qué te impide sentirte y ser más eficaz en el trabajo? ¿Malgastas tu energía en tareas poco relevantes solo porque te encanta hacerlas? ¿Te sientes incapaz de lidiar con algunos proyectos que tienes en marcha?

Esta sección te ayudará a autoevaluarte, a fijar un punto de referencia para saber qué trabajo tienes que hacer, hasta qué punto estás estresado y de qué forma te gusta más trabajar. Puedes leer los tres artículos y hacer los tres ejercicios de autoevaluación de una vez. O escoger uno de los ejercicios, evaluarte en ese aspecto y aplicar lo que has aprendido a otras secciones de esta guía. No importa la metodología que escojas. Lo que aprendas hará que pienses de una forma distinta sobre tu trabajo y sobre el modo en que lo realizas.

# CAPÍTULO 1

# Reserva tiempo para el trabajo importante

**Julian Birkinshaw y Jordan Cohen**

Un día de más horas es algo que todos querríamos tener, pero es imposible de conseguir. ¿Pero qué sucedería si pudieras utilizar un tiempo considerable, digamos un 20% de tu jornada laboral, para dedicarte de lleno a las responsabilidades realmente importantes?

Hemos pasado los últimos tres años estudiando cómo aumentar la productividad de los trabajadores del conocimiento. La respuesta es simple: suprimir o delegar las tareas poco relevantes, y sustituirlas por otras de mayor valor añadido.

---

Reproducido de *Harvard Business Review*, septiembre de 2013 (producto #R1309K).

Nuestros estudios indican que los trabajadores del conocimiento pasan mucho tiempo (una media del 41%) dedicados a actividades accesorias, que les aportan muy poca satisfacción personal y que podrían realizar otras personas. Entonces, ¿por qué siguen haciéndolas? La razón es que no es tan fácil deshacerse de esas tareas. De forma instintiva, nos aferramos a las que nos hacen sentir importantes y ocupados, mientras nuestros jefes, que luchan por hacer más con menos, nos siguen encomendando tantas responsabilidades como estemos dispuestos a aceptar.

Aun así, estamos convencidos de que hay formas de mejorar las cosas. Los trabajadores del conocimiento pueden ser más productivos si piensan de forma consciente en cómo pasan su tiempo, si deciden qué tareas son más importantes —tanto para ellos como para las organizaciones en las que trabajan— y si reparten o delegan adecuadamente el resto. Hemos probado estos cambios con quince ejecutivos de distintas compañías, y el resultado ha sido que consiguieron reducir en gran medida su participación en tareas irrelevantes. Redujeron el papeleo una media de seis horas semanales, y además ahorraron una media de dos horas en reuniones en ese mismo período. Y los beneficios no dejan lugar a dudas. Por ejemplo, cuando Lotta Laitinen, directiva de If (compañía de seguros escandinava) se deshizo de las tareas administrativas y de las reuniones, pudo pasar más tiempo apoyando a su equipo. De ese modo consiguió un aumento del 5% en las ventas de su departamento en un período de solo tres semanas. Aunque no todos los participantes de nuestro estudio alcanzaron logros tan notables, los resultados fueron lo bastante buenos como para sorprendernos. Simplemente pidiendo a los trabajadores del conocimiento que repensaran y cambiaran el equilibro de su trabajo, fuimos capaces de ayudarles a liberar cerca de una quinta parte de su tiempo —una media de un día por semana—, y a centrarse en tareas más importantes en esas horas que habían ganado.

## Por qué es tan difícil

Los trabajadores del conocimiento suponen un verdadero reto para sus directivos. Gran parte de su trabajo es mental —por tanto, difícil de observar—, y la calidad del mismo suele ser subjetiva. A un directivo que sospeche que uno de sus subordinados está malgastando su tiempo puede resultarle difícil diagnosticar el problema, y mucho más encontrar una solución.

Con el objetivo de saber qué hacen los trabajadores del conocimiento durante su jornada laboral, mi equipo entrevistó a 45 de ellos, de 39 compañías diferentes de distintas industrias de Estados Unidos y Europa. Descubrimos que, incluso los trabajadores más entregados y con rendimientos más notables, dedicaban gran parte de su tiempo a actividades tediosas y poco provechosas, como al trabajo administrativo o a tareas que realizaban con otros compañeros —por ejemplo, reunirse con personas de otros departamentos—. Ellos mismos valoraban estas actividades como de escasa utilidad personal e irrelevantes para la compañía (véase más adelante «El trabajo que hacen los trabajadores del conocimiento»).

Las razones por las que esto ocurre son diversas. La mayoría de nosotros se siente atrapado en una red de compromisos de la que puede ser molesto librarse: nos preocupa decepcionar a nuestros colegas o a nuestros superiores si

## EL TRABAJO QUE HACEN LOS TRABAJADORES DEL CONOCIMIENTO

Nuestro estudio muestra que el trabajo administrativo y de coordinación ocupa como promedio dos tercios del tiempo de los trabajadores del conocimiento . . .

### Tiempo distribuido por actividades

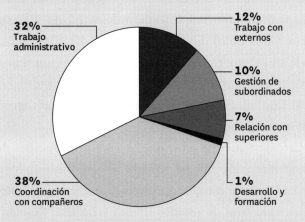

**32%** Trabajo administrativo

**12%** Trabajo con externos

**10%** Gestión de subordinados

**7%** Relación con superiores

**38%** Coordinación con compañeros

**1%** Desarrollo y formación

. . . y, aun así, esas tareas fueron calificadas como las más fáciles de librarse de ellas y las más tediosas.

### ¿Vale la pena dedicar tanto tiempo a esas tareas?

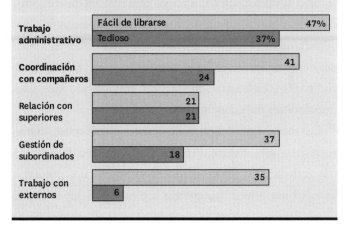

Trabajo administrativo
- Fácil de librarse 47%
- Tedioso 37%

Coordinación con compañeros
- 41
- 24

Relación con superiores
- 21
- 21

Gestión de subordinados
- 37
- 18

Trabajo con externos
- 35
- 6

Una vez que tuvieron estos datos, los participantes en el estudio suprimieron, delegaron, subcontrataron o pospusieron las tareas menos relevantes con el objetivo de liberar tiempo para ejecutar los trabajos más importantes.

**Tiempo ganado**

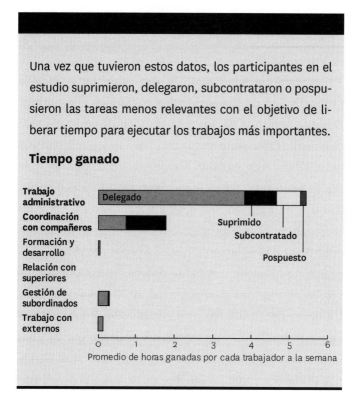

Promedio de horas ganadas por cada trabajador a la semana

dejamos de realizar algunas de ellas. «Quiero dar la impresión de estar ocupado y de ser alguien productivo, la compañía valora a quien sabe trabajar en equipo», nos dijo uno de los participantes en el estudio. Además, incluso los trabajos de menor importancia de nuestra lista de tareas pendientes ofrecen algún tipo de beneficio. Avanzar en alguna tarea, incluso en las que son innecesarias, aumenta nuestra satisfacción y nuestra sensación de participación, según demuestran las investigaciones. Y, aunque las reuniones suelen ridiculizarse considerándolas como una pérdida de tiempo, son una oportunidad de socializar y de conectar con otros compañeros de trabajo. «En realidad, espero con ganas las reuniones presenciales», nos dijo un entrevistado. «Una llamada es más eficiente, pero es fría, poco estimulante».

Las organizaciones también son culpables cuando la productividad de sus empleados es inferior a la óptima. Durante la última década, la reducción de costes ha sido una medida frecuente en las empresas; y los trabajadores del conocimiento, como la mayoría de los empleados, han tenido que asumir tareas menos relevantes que les distraen de otros trabajos más importantes; por ejemplo, hacer los preparativos para sus viajes de trabajo. A pesar de que las empresas están recuperando poco a poco la confianza, muchas compañías aún dudan de si deben incorporar a nuevos empleados; en particular, administrativos. Además, las normativas cada vez más complicadas y los sistemas de control cada vez más estrictos han hecho que muchas industrias tengan una cultura corporativa aversa al riesgo, que no favorece que los empleados expertos cedan el trabajo a colegas menos experimentados. Las consecuencias son predecibles: «Mi equipo no cuenta con el personal suficiente y la capacitación necesaria; eso hace que mi calendario sea una pesadilla y que tenga que ir a muchas más reuniones de las que debería», decía uno de los sujetos del estudio. Otro nos contaba: «Tengo que lidiar con la capacidad de trabajo limitada de la gente en quien delego».

Algunas compañías intentan ayudar a sus trabajadores del conocimiento a que se concentren en las tareas primordiales. Por ejemplo, uno de nosotros (Jordan Cohen) ayudó a Pfizer a crear un servicio llamado *pfizerWorks*, que permite a los empleados subcontratar las tareas menos importantes. También hemos visto iniciativas corporativas que prohíben correos electrónicos los viernes, limitan las reuniones y restringen las presentaciones internas en PowerPoint. Pero es muy difícil cambiar las normas institucionales; y, cuando los trabajadores del conocimiento no hacen suyas esas directivas implantadas desde la dirección, encuentran formas creativas de resistirse o de ganar al sistema, lo que solo hace que la situación empeore. Nosotros proponemos un punto medio sensato: intervenciones que adopta el propio trabajador, que le facilitan su propio trabajo y que son apoyadas por la dirección.

## Qué pueden hacer los trabajadores

Nuestro procedimiento es una variación del clásico ejercicio «iniciar/detener/continuar», diseñado para ayudarte a incorporar pequeños cambios, pero importantes, en tu agenda de trabajo. Nuestra tarea consistió en facilitar este ejercicio a los quince ejecutivos antes mencionados, que alcanzaron algunos resultados notables.

### Identifica las tareas irrelevantes

Utilizando este instrumento de autoevaluación (véase «Identificar las tareas irrelevantes»), repasa tus actividades diarias y decide cuáles son: a) no tan importantes para ti o para tu compañía y b) relativamente fáciles para dejarlas de lado, delegar o subcontratar. Nuestro estudio sugiere que al menos una cuarta parte de las actividades del trabajador del conocimiento corresponden a alguna de estas categorías; por tanto, tu objetivo debería ser recuperar unas diez horas semanales. Los participantes en nuestro estudio identificaron distintas tareas de las que

## AUTOEVALUACIÓN: IDENTIFICAR TAREAS IRRELEVANTES

Haz una lista de todo lo que hiciste ayer y anteayer, agrupando las tareas en periodos de 30 o 60 minutos. Hazte las siguientes preguntas respecto a cada tarea:

### ¿Qué valor tiene esa actividad para la compañía?

*Supón que estás informando sobre tu desempeño a tu jefe o a un alto ejecutivo. ¿Le mencionarías esta tarea? ¿Podrías justificar el tiempo que le has dedicado?*

PUNTUA-CIÓN

Contribuye en gran medida a cumplir los objetivos generales de la compañía. `4`

Contribuye un poco. `3`

No tiene repercusiones, ni negativas ni positivas. `2`

Tiene repercusiones negativas. `1`

### ¿Hasta qué punto puedo obviarla?

*Imagínate que, a causa de una urgencia familiar, llegas dos horas tarde al trabajo y tienes que establecer un orden de prioridad en tus tareas diarias. ¿En qué categoría clasificarías esta actividad?*

Esencial: Es de prioridad máxima. `4`

Importante: Tengo que hacerla hoy. `3`

Discrecional: La haré si tengo tiempo. `2`

Poco importante/opcional: Puedo dejar de hacerla ya. `1`

### ¿En qué medida me aporta algo positivo esta tarea?

*Imagínate que disfrutas de la independencia financiera necesaria para crear el trabajo de tus sueños. ¿Seguirías realizando esta tarea o la abandonarías?*

Sin duda la mantendría: Es una de las mejores partes de mi trabajo. `5`

Probablemente la mantendría: Disfruto haciéndola. `4`

No estoy seguro: Tiene puntos positivos y negativos. `3`

Probablemente dejaría de hacerla: Me resulta tediosa. `2`

Sin duda la suprimiría: Me desagrada. `1`

### ¿Hasta qué punto podría otra persona hacer esta tarea en mi lugar?

*Imagina que te han pedido que gestiones una propuesta muy importante y tienes que encargar parte de tu trabajo a tus colegas durante tres meses. ¿Abandonarías, delegarías o mantendrías esta tarea?*

Solo yo —o alguien con mi experiencia— puede realizarla. `5`

Es mejor que la haga yo por mis habilidades específicas y por las responsabilidades asociadas a ella. `4`

Si se organiza de la forma adecuada, otra persona con menos experiencia que yo podría manejarla de forma satisfactoria. `3`

La puede hacer un empleado con poca experiencia o podría subcontratarse. `2`

Esta tarea se podría suprimir. `1`

### Calcula tu puntuación.

Una puntuación total baja (de 10 puntos o menos) implica que es una tarea que se puede delegar o suprimir. ☐

podían prescindir. Lotta Laitinen, gerente de If, reconoció rápidamente varias reuniones y tareas administrativas habituales de las que podía deshacerse. Shantanu Kumar, CEO de una pequeña compañía tecnológica en Londres, se dio cuenta de que estaba demasiado involucrado en detalles de la planificación, y Vincent Bryant, uno de los directivos de GDF SUEZ Energy Services, se sorprendió de la cantidad de tiempo que perdía archivando documentos.

## Decide si prescindes de una tarea, la delegas o la replanteas

Clasifica las tareas irrelevantes en una de estas tres categorías: tareas *intrascendentes* (cosas que puedes dejar de hacer ahora mismo sin que eso tenga ningún efecto negativo), *oportunidades de descongestión* (tareas que puedes delegar con un mínimo esfuerzo) y *replantamientos a largo plazo* (trabajo que debe reestructurarse o ajustarse). Los participantes en nuestro estudio se dieron cuenta de que este paso les obligó a reflexionar con atención sobre cuáles eran sus verdaderas contribuciones a sus respectivas organizaciones. «Me paré un momento y me pregunté: "¿Debería estar haciendo esto en primer lugar ahora? ¿Puede hacerlo mi subordinado? ¿Lo va a hacer?"» recuerda Johann Barchechath, uno de los directivos de BNP Paribas. «Esto me ayudó a darme cuenta de lo que era valioso para el banco y de lo que era valioso para mí, de lo que sencillamente no debería hacer en absoluto». Otro participante comentó: «Me di cuenta de que el gran cambio que tenía que hacer era decir "no" a las tareas irrelevantes y no comprometerme desde el principio».

## *Tareas de descongestión*

Muchos participantes comentaron que, al principio, delegar fue la parte más difícil; aunque, al final, la más gratificante. Uno de ellos dijo que no podía evitar preocuparse por las tareas que había reasignado; en cambio, otro nos dijo que tenía problemas para acordarse de hacer el seguimiento de las tareas que había delegado. Barchechath comentó: «Me di cuenta de lo importante que es elegir el momento oportuno para delegar algo, porque puede ocurrir que lo delegues demasiado pronto».

La mayoría de los participantes acabaron superando esos bloqueos, hasta el punto de que pasaron de delegar un 2% de su trabajo a un 20% del mismo, y eso sin que afectara a la productividad de sus equipos. «Al principio sobreestimé la capacidad de mi subordinado, pero después de un tiempo todo fue más sencillo, y tener parte del trabajo hecho me insufló energía», dijo Barchechath. Además, los empleados de menos experiencia se beneficiaron de esta mayor implicación. «[Ella] me dijo varias veces que lo agradecía mucho», añadió. Vincent Bryant decidió librarse de algunas tareas mediante un asistente personal virtual y, aunque le preocupaba ponerse al día con el sistema, nos dijo que todo «acabó resultando perfecto».

## *Distribuir el tiempo ganado*

Por supuesto, el objetivo no solo es ser eficiente, sino ser eficaz. Por tanto, el siguiente paso es determinar cómo usar el tiempo ganado de la mejor forma posible. Escribe en un papel dos o tres cosas que no haces y que deberías hacer, y luego mantén un registro para evaluar si estás empleando tu tiempo de la forma más eficiente. Algunos de los participantes en nuestro estudio pudieron irse a casa un poco antes y pasar más tiempo con sus familias —lo que probablemente les hacía más felices y más productivos al día siguiente—. Por desgracia, otros informaron de que el tiempo que habían ganado lo perdieron inmediatamente con imprevistos: «Me puse a vaciar la bandeja de entrada de mi correo electrónico y, de repente, me encontré apagando fuegos».

Pero más de la mitad de los ejecutivos de nuestro estudio emplearon las horas ganadas en hacer un mejor trabajo. «Para mí, la parte más útil fue identificar las cosas importantes para las que no suelo tener tiempo», dijo Kumar. «Dejé de utilizar mi programa de planificación de proyectos y, en su lugar, me centré en actividades estratégicas, como la hoja de ruta de cada producto». Laitinen utilizó su programa para ganar tiempo de este modo: lo dedicó a escuchar las llamadas de los clientes, a observar a sus mejores vendedores y a entrenar a sus empleados de forma individual. El resultado fue un sorprendente aumento de ventas (un 5% en tres semanas), y los mayores aumentos fueron los de los vendedores que antes tenían cifras de ventas inferiores al promedio. Un cuestionario mostró que las respuestas de los empleados al experimento fueron positivas, y Laitinen se dio cuenta de que no había perdido nada dejando de hacer parte de su trabajo. «La primera semana fue muy estresante, porque tuve que hacer mucha planificación, pero en el punto medio del período de prueba, estaba más relajada y me sentía satisfecha cada día cuando volvía a casa».

## *Comprométete con tu plan*

Aunque este proceso es totalmente autodirigido, es crucial compartirlo con un jefe, compañero o mentor. Explícale qué actividades estás suprimiendo y cuáles asumiendo, y por qué. Y acuerda comentar tus logros dentro de unas semanas. Sin este paso, es fácil volver a los malos hábitos. Muchos de nuestros participantes se percataron de que sus gerentes eran útiles y les servían de ayuda. El jefe de Laitinen, Sven Kärnekull, le sugirió en qué personas podría delegar su trabajo. Otros participantes en el estudio descubrieron que el simple hecho de comunicar su compromiso a otra persona les ayudó a seguir adelante. Con poco esfuerzo y sin ninguna instrucción de dirección, la pequeña intervención que proponemos puede aumentar significativamente la productividad de los trabajadores del conocimiento. Por supuesto, estos cambios no siempre son fáciles de implementar. «Es difícil hacerlos sin la disciplina que impone un superior», comentó uno de los participantes en el estudio. Pero todos coincidieron en que el ejercicio era un «mecanismo para obligarte» y en que les había resultado útil para ayudarles a ser más eficientes o eficaces, y a ser empleados y gerentes más implicados. Para hacer esto, no tienes que rediseñar ninguna parte de tu organización ni cambiar procesos de trabajo o transformar un modelo de negocio. Todo lo que tienes que hacer es formularte las preguntas correctas y actuar a partir de las respuestas. Después de todo, si eres un trabajador del conocimiento, ¿no te contrataron para aplicar tu criterio?

**Julian Birkinshaw** es profesor de estrategia y emprendimiento en la London Business School. **Jordan Cohen** es jefe de eficacia organizacional, formación y desarrollo, y talento en Weight Watchers International. Es además experto en productividad del trabajador del conocimiento y colaborador habitual de HBR.

# CAPÍTULO 2

# ¿Estás demasiado estresado para ser productivo? ¿O no estás estresado lo suficiente?

**Francesca Gino**

Si te pareces a mí, a menudo te preguntarás cómo puedes hacer más trabajo en un día. ¿Cómo puedes mejorar tu productividad? Siempre había pensado que, si reducía el estrés al que me enfrento cada día, mi productividad aumentaría. Pero este pensamiento era, de hecho, equivocado. Es cierto que el estrés puede representar un

---

Adaptado del contenido publicado en hbr.org el 14 de abril de 2016.

FIGURA 2-1

## Ley de Yerkes-Dodson

*Cómo afecta la ansiedad al rendimiento.*

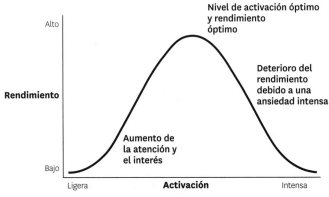

*Fuente*: Robert M. Yerkes y John D. Dodson

riesgo para la salud, y que a menudo se nos anima a evitarlo si queremos vivir una vida feliz, productiva y larga. Pero las investigaciones sugieren que un cierto grado de estrés resulta altamente beneficioso para mejorar nuestro rendimiento.

Veamos la figura 2-1. Según la ley de Yerkes-Dodson, el rendimiento aumenta a la vez que la activación fisiológica o mental (estrés), pero solo hasta cierto punto. Cuando el nivel de estrés es demasiado alto, el rendimiento disminuye.

Aún más: la forma de la curva varía según la complejidad y la familiaridad que tengamos con una tarea. Las distintas tareas exigen distintos grados de activación para alcanzar el rendimiento óptimo, según han mostrado distintos estudios. Por ejemplo, las tareas difíciles o desconocidas requieren niveles de activación más bajos para facilitar la concentración. Por el contrario, realizarás mejor las tareas que exigen resistencia o persistencia con mayores niveles de activación, porque eso induce e incrementa la motivación.

Dada esta relación entre estrés y rendimiento, probablemente es bueno saber cuánto estrés experimentas actualmente en tu trabajo. Si tienes curiosidad, consulta más adelante «¿Cuál es tu nivel de estrés?» y realiza una autoevaluación. Esta prueba es una adaptación de la *escala de estrés percibido* que se utiliza habitualmente, creada por Sheldon Cohen, Tom Kamarck y Robin Mermelstein.

Las puntuaciones más elevadas, como puedes ver fácilmente, corresponden a niveles mayores de estrés. Utilizando esta prueba en las clases de formación ejecutiva y en estudios realizados con otros grupos, se ha llegado a la conclusión de que las puntuaciones de alrededor de 13 se corresponden con un nivel promedio. Por lo general, las puntuaciones en este nivel indican que tu atención y tu interés están en un nivel adecuado para ser productivo en el trabajo. En relación con la ley de Yerkes-Dodson, estas puntuaciones generalmente corresponden a un nivel óptimo de activación y, por tanto, de rendimiento.

Pero, si tu puntuación es mucho mayor o mucho menor, es probable que vivas el estrés de una forma que resulta perjudicial para tu productividad. Concretamente, suele considerarse que las puntuaciones de 20 o más indican un nivel de estrés que resulta improductivo. Pero incluso las puntuaciones que indican bajos niveles de estrés —por lo común, de 4 o menos— podrían ser problemáticas porque indican un nivel insuficiente de activación para mantenerte implicado en tu trabajo. Si este es tu caso, trata de encontrar formas sanas de aumentar su estrés asumiendo tareas

## CUÁL ES TU NIVEL DE ESTRÉS

Cuando respondas a estas preguntas, concéntrate en tus pensamientos y sentimientos durante el último mes. Para acceder a una versión interactiva de esta evaluación y ver tu puntuación comparada con la de otros lectores de *hbr.org*, visita https://hbr.org/2016/04 (en inglés).

| | Muy a menudo (4 puntos) | Bastante a menudo (3 puntos) | A veces (2 puntos) | Casi nunca (1 punto) | Nunca (0 puntos) |
|---|---|---|---|---|---|
| 1. En el último mes, ¿con qué frecuencia te has sentido alterado por un hecho inesperado? | | | | | |
| 2. ¿Con qué frecuencia te has sentido incapaz de controlar cosas importantes de tu vida? | | | | | |
| 3. ¿Con qué frecuencia te has sentido nervioso y estresado? | | | | | |
| 4. ¿Con qué frecuencia has confiado en tu capacidad para manejar tus problemas personales? | | | | | |
| 5. ¿Cuántas veces has sentido que las cosas pasaban como tú querías? | | | | | |

| | Muy a menudo (4 puntos) | Bastante a menudo (3 puntos) | A veces (2 puntos) | Casi nunca (1 punto) | Nunca (0 puntos) |
|---|---|---|---|---|---|
| 6. ¿Con qué frecuencia te has sentido incapaz de afrontar todo lo que tenías que hacer? | | | | | |
| 7. ¿Con qué frecuencia has podido controlar tus enfados en la vida? | | | | | |
| 8. ¿Con qué frecuencia has sentido que tenías el control de las cosas? | | | | | |
| 9. ¿Con qué frecuencia te has enfadado porque habían cosas fuera de tu control? | | | | | |
| 10. ¿Cuántas veces has sentido que las dificultades se iban acumulando hasta no poder superarlas? | | | | | Puntuación total |
| Total | | | | | |

Añade tu puntuación total en cada columna y luego suma los números en la última fila para saber tu puntuación total.

Si tu puntuación total es . . .

- Alrededor de 13: es una puntuación promedio y un buen grado de estrés para ser productivo sin llegar a sentirte abrumado.

- Mucho más bajo que el promedio, alrededor de 4, quizás no estés sintiendo el estrés suficiente para poder implicarte.

- Mucho más alto que el promedio, 25 o más, probablemente tu nivel de estrés sea perjudicial para tu productividad y también para tu salud.

FIGURA 2-2

## Nivel de estrés promedio por sexo, edad, formación e ingresos

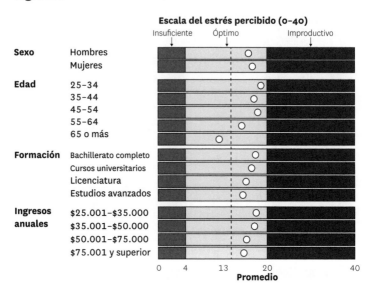

Fuente: Sheldon Cohen y Denise Janicki-Deverts

o responsabilidades que te resulten difíciles. Incrementar el estrés puede parecer contraproducente pero, según el estudio de Sheldon Cohen y Denise Janicki-Deverts (publicado en el *Journal of Applied Social Psychology*), el aumento de la activación también corresponde a un mayor nivel de atención e interés, hasta cierto punto.

A modo de comparación, aquí tienes algunas puntuaciones promedio procedentes del estudio realizado usando la escala de la figura 2-2.

Si tu puntuación se aproxima a los 20 puntos o los supera, hay algunas estrategias que pueden ayudarte a reducir el estrés para que se acerque a un nivel más productivo:

**Aumenta tu control.** Una solución sencilla para reducir el estrés es encontrar más formas de aumentar tu control sobre el trabajo que realizas. La gente tiende a creer que los puestos de alto nivel llevan asociado mucho estrés, pero los estudios sugieren lo contrario: los líderes con mayores niveles de responsabilidad experimentan niveles de estrés más bajos que quienes cargan menos responsabilidades sobre sus hombros. La razón es que los líderes tienen más control sobre sus actividades. Independientemente del lugar que ocupes en la jerarquía de la organización, puedes aplicar formas de aumentar tu sentido de control; es decir, centrarte en aspectos de tu trabajo en los que puedas elegir —por ejemplo, elegir un proyecto en lugar de otro, o sencillamente escoger el orden en el que contestas a los mensajes de correo electrónico—.

**Encuentra más oportunidades para ser auténtico.** Los estudios sugieren que, a menudo, las personas tienen la sensación de ser poco auténticas en su trabajo. Es decir, adoptan las opiniones de sus compañeros, en lugar de expresar las suyas, y siguen la corriente de los demás, en lugar de establecer sus propias prioridades. Según mi estudio, esto tiene importantes implicaciones en el nivel de estrés y en el rendimiento. Cuando la gente se comporta de manera poco auténtica, siente mayores niveles de ansiedad que cuando sencillamente es ella misma. Por lo tanto, trata de encontrar formas de expresar quién eres cuando estás trabajando, como por ejemplo ofrecerte a compartir tus habilidades o a decorar tu oficina según tus preferencias.

**Sigue rituales.** La superestrella del baloncesto Michael Jordan jugaba todos los partidos con sus pantalones cortos de la Universidad de Carolina del Norte debajo de los pantalones de los Chicago Bulls. Curtis Martin, antiguo corredor de los Jets de Nueva York, lee el Salmo 91 antes de cada partido. Y Wade Boggs, en su época de tercera base de los Boston Red Socks, comía pollo antes de cada partido y bateaba exactamente a las 17:17 h, recogía 117 bolas rasas y esprintaba exactamente a las 19:17 h de la tarde. Quizás estos rituales resulten extravagantes, pero lo cierto es que pueden ayudar a mejorar el rendimiento.

En un experimento reciente, se pidió a los participantes que metieran en un hoyo una bola de golf llamada «afortunada» o una bola de golf corriente. En otro experimento, los participantes realizaron una tarea de destreza motriz que consistía en encajar 36 bolas pequeñas en 36 orificios y para ello tenían que inclinar el cubo de plástico que contenía las bolas. Se dijeron cosas distintas a distintos participantes: a unos simplemente se les pidió que realizaran la tarea, y a otros, el investigador les dijo que cruzaría los dedos por ellos. Los rituales supersticiosos aumentaron la confianza de las personas en sus habilidades, hicieron que se esforzaran más y mejoraron su posterior rendimiento.

Del mismo modo, la investigación en psicología deportiva demuestra los beneficios de las rutinas previas al rendimiento, desde mejorar la atención y la ejecución hasta aumentar la estabilidad emocional y la confianza. Y, recientemente, mis compañeros y yo hemos descubierto que, cuando la gente realiza algún ritual antes de llevar a cabo tareas de alto riesgo, se siente menos ansiosa y estresada y obtiene mejores resultados.

Una cantidad moderada de estrés puede ayudarte a alcanzar el estado mental adecuado para afrontar tu trabajo. Pero, si te sientes abrumado, espero que pruebes alguna de estas estrategias no solo para mejorar tu productividad, sino también para aumentar tu felicidad.

---

**Francesca Gino** es profesora de la cátedra Tanton Family de administración de empresas de la Universidad de Harvard, profesora afiliada del Behavioral Insights Group de la Harvard Kennedy School y autora de *Sidetracked: Why Our Decisions Get Derailed, and How We Can Stick to the Plan,* (Harvard Business Review Press, 2013). Copreside un programa de educación ejecutiva de HBS sobre la aplicación de la economía conductual a los problemas organizacionales. Puedes seguirla en Twitter en su cuenta @ francescagino.

# CAPÍTULO 3

# ¿Cuál es tu estilo de productividad?

**Carson Tate**

A la hora de dar consejos sobre productividad personal, la misma recomendación no sirve para todo el mundo. De hecho, tu estilo cognitivo —es decir, la forma en que percibes y procesas la información— puede tener un impacto muy importante en el éxito o el fracaso de las técnicas de gestión del tiempo y en las estrategias para mejora del rendimiento. La autoevaluación que te presentamos en este capítulo está diseñada para ayudarte a entender tu propio estilo —cómo piensas, cómo aprendes y cómo te comunicas mejor— y para darte algunos consejos de productividad que personas con un perfil similar al tuyo han encontrado más efectivos.

---

Adaptado del contenido publicado en hbr.org el 26 de enero de 2015.

Indica en el cuadro 3-1 con qué frecuencia se te pueden aplicar esas afirmaciones.

**CUADRO 3-1**

## Averigua tu estilo de productividad

| | 1 Nunca | 2 Casi nunca | 3 A veces | 4 A menudo | 5 Siempre |
|---|---|---|---|---|---|
| 1. Utilizo una lista de prioridades para completar mi trabajo. | | | | | |
| 2. Llego tarde a las reuniones y a las citas. | | | | | |
| 3. Cuando planifico un proyecto, pienso primero en quién tiene que participar. | | | | | |
| 4. Cuando participo en una sesión de lluvia de ideas, dibujo o hago bocetos de mis ideas. | | | | | |
| 5. Acabo el trabajo con rapidez. | | | | | |
| 6. Tengo problemas para decir «no» a mis compañeros. | | | | | |
| 7. Planifico las tareas del día siguiente. | | | | | |
| 8. Soñar despierto me ayuda a resolver problemas importantes. | | | | | |
| 9. Soy capaz de sintetizar las distintas ideas que se presentan durante una reunión de proyecto. | | | | | |
| 10. Prefiero trabajar en equipo. | | | | | |
| 11. Desgloso los proyectos en planes detallados paso por paso. | | | | | |
| 12. Cumplo con los plazos. | | | | | |
| 13. Trabajo mejor bajo presión. | | | | | |
| 14. Reservo tiempo de mi agenda para acabar el trabajo. | | | | | |

## ¿Cuál es tu estilo de productividad?

| | 1 Nunca | 2 Casi nunca | 3 A veces | 4 A menudo | 5 Siempre |
|---|---|---|---|---|---|
| 15. Analizo un proyecto antes de empezarlo. | | | | | |
| 16. Utilizo rutinas y sistemas preestablecidos para acabar las tareas. | | | | | |
| 17. Cuando participo en una sesión de lluvia de ideas, hago una lista de mis ideas. | | | | | |
| 18. Elimino el desorden físico en mi oficina. | | | | | |
| 19. Cuando planifico un proyecto, pienso primero en cómo apoya la visión estratégica de mi equipo u organización. | | | | | |
| 20. Me cuesta tomarme tiempo libre cuando todavía tengo trabajo por hacer. | | | | | |
| 21. Reservo horas específicas del día para realizar ciertas tareas. | | | | | |
| 22. Completo las tareas del proyecto de forma secuencial. | | | | | |
| 23. Soy capaz de acabar cantidades importantes de trabajo con precisión. | | | | | |
| 24. Tiendo a subestimar el tiempo necesario para completar tareas y proyectos. | | | | | |
| 25. Cuando planifico un proyecto, pienso primero en las entregas necesarias. | | | | | |
| 26. Elijo con cuidado las herramientas que utilizo (bolígrafos, papel, carpetas, etc.). | | | | | |
| 27. Cuando hago una lluvia de ideas, hablo con otras personas acerca de ellas. | | | | | |
| 28. Cuando planifico un proyecto, pienso en primer lugar en la meta que hay que alcanzar. | | | | | |

*(continúa)*

**CUADRO 3-1** (*continuación*)

---

***Puntuación del estilo de productividad®***

Añade tus puntuaciones en los ítems de cada columna. La columna con la puntuación más elevada es tu principal estilo de productividad.

| | | | |
|---|---|---|---|
| 1 = _____ | 7 = _____ | 3 = _____ | 2 = _____ |
| 15 = _____ | 11 = _____ | 6 = _____ | 4 = _____ |
| 17 = _____ | 12 = _____ | 10 = _____ | 5 = _____ |
| 20 = _____ | 16 = _____ | 14 = _____ | 8 = _____ |
| 21 = _____ | 18 = _____ | 24 = _____ | 9 = _____ |
| 23 = _____ | 22 = _____ | 26 = _____ | 13 = _____ |
| 28 = _____ | 25 = _____ | 27 = _____ | 19 = _____ |
| Priorizador total: | Planificador total: | Organizador total: | Visualizador total: |
| _____ | _____ | _____ | _____ |

---

# Los cuatro estilos de productividad

## *Priorizadores*

Los priorizadores prefieren el pensamiento lógico, analítico, basado en hechos, crítico y realista. Utilizan el tiempo con eficacia y se concentran en las tareas de mayor valor asumiendo con precisión cantidades importantes de trabajo. Analizan las metas del proyecto y se esfuerzan por lograr los resultados deseados.

Las herramientas de productividad que atraen a los priorizadores incluyen:

- El iPad —que se puede personalizar para agilizar los flujos de trabajo—.

- Aplicaciones de productividad que les permiten iniciar la sesión en sus dispositivos en cualquier lugar y trabajar en remoto (como Evernote, Noteshelf, To Do, LogMeIn Ignition).

- ScanBizCards, que les permite escanear tarjetas de visita al momento.

- Herramientas analógicas clásicas como blocs de notas y etiquetas rotuladas.

Los priorizadores disfrutarán especialmente del capítulo 6, «Armoniza tu gestión del tiempo con tus metas», y el capítulo 7, «Una herramienta para ayudarte a alcanzar tus objetivos en cuatro pasos».

## Planificadores

Los planificadores prefieren el pensamiento organizado, secuencial y detallado. Crean listas de tareas pendientes, reservan tiempo para las tareas y preparan planes de proyecto precisos y completos. No pierden tiempo con nada improductivo o sin importancia. Cumplen con leyes, políticas, reglamentos y criterios de calidad y seguridad, y con frecuencia completan el trabajo antes de la fecha límite.

Las herramientas de productividad que atraen a los planificadores incluyen:

- Listas digitales y aplicaciones de planificación de proyectos que les permitan crear y realizar un seguimiento de su trabajo por proyecto, lugar, persona o fecha, como Tom's Planner y OmniFocus.

- Agendas que les permiten crear calendarios interactivos y enviarlos a usuarios de iPad.

- ZipList, que crea listas personales y compartidas de compras domésticas, organizando artículos tanto por categoría como por la tienda que los vende.

- Herramientas analógicas clásicas, como rotuladores, carpetas y mobiliario para archivar, organizadores de cajones, portaplumas y otros suministros de oficina.

Los planificadores pueden comenzar leyendo el capítulo 9, «Consigue más comprometiéndote menos», y el capítulo 10, «Cómo negarse a aceptar más trabajo».

## Organizadores

Los organizadores prefieren el pensamiento de apoyo, expresivo y emocional. Animan el trabajo en equipo para maximizar la producción y toman decisiones intuitivamente a medida que los acontecimientos se desarrollan. Reservan tiempo para completar el trabajo, pero son excelentes trabajando con otros para hacerlo. Se comunican eficazmente, lo que les ayuda a construir y dirigir equipos de proyectos. Tienden a mantener listas visuales, a menudo utilizando colores.

Las herramientas de productividad que atraen a los organizadores incluyen:

- Aplicaciones de dictado, como Dragon NaturallySpeaking y Dragon Dictation o el programa en línea Copytalk.

- Herramientas de colaboración en línea, como GoTo-Meeting, WebEx, Mobile Client de SharePlus y Join.me.

- Accesorios estéticamente agradables; por ejemplo, cuadernos con hojas sin pautar y bolígrafos con tintas de distintos colores.

A los organizadores les gustará el capítulo 14, «Si regalas parte de tu tiempo, sentirás que ganas tiempo» y el capítulo 29, «Mantente motivado cuando todo el mundo está de vacaciones».

## Visualizadores

Los visualizadores prefieren un pensamiento holístico, intuitivo e integrador. Gestionan y hacen malabarismos con múltiples tareas a la vez porque son capaces de seguir viendo el panorama general. Se caracterizan por sus aptitudes creativas y de innovación, y por ser capaces de sintetizar las distintas ideas de otros en un todo. Piensan sobre los proyectos de forma estratégica y trabajan rápidamente para acabar las tareas. Tienden a mantener listas visuales, a menudo usando colores.

Las herramientas de productividad que atraen a los visualizadores incluyen:

- Aplicaciones para pizarras digitales.

- SketchBook Pro, una aplicación que permite capturar ideas trabajando con un conjunto completo de herramientas de dibujo y pintura.

- iThoughts HD, una herramienta para realizar mapas mentales digitales.

- Concur, una aplicación para fotografiar y guardar los recibos y crear informes de gastos.

- Noteshelf, un cuaderno digital.

- Herramientas analógicas visualmente atractivas, como post-it multicolores, carpetas de colores, cuadernos sin pautar, bolígrafos con tintas de distintos colores, pizarras grandes, cestas, carpetas y bolsas, así como portapapeles para mantener los papeles visibles y organizados.

Los visualizadores pueden beneficiarse de la lectura del capítulo 8, «Los esprints son el secreto para acabar más cosas», y el capítulo 21, «Contemplar la naturaleza te hace más productivo».

———————

**Carson Tate** es experta en productividad en el lugar de trabajo y autora de *Work Simply: Embracing the Power of Your Personal Productivity Style*.

# Planifica tu día

Cada día es una nueva oportunidad para hacer bien las cosas, hacer más y hacerlo de manera más eficiente, para sentirte mejor sobre el trabajo que estás haciendo.

Evalúa las tareas que tienes que hacer hoy, establece prioridades y haz un plan para acabar el trabajo más importante siguiendo las recomendaciones de esta sección.

# CAPÍTULO 4

# Tal vez odies planificar, pero es conveniente hacerlo

**Elizabeth Grace Saunders**

Algunas de las personas más inteligentes que he conocido tienen que hacer grandes esfuerzos para convencerse de hacer una cosa: planificar su trabajo.

Es gente que se sale de todas las tablas, que analiza todo tipo de cosas: procesos de fabricación, existencias o partículas nucleares. Pero, cuando se trata de su propia gestión del tiempo o de preparar un plan para realizar un gran proyecto, aparece la resistencia. Hay algo en el tema de la

Adaptado del contenido publicado en hbr.org el 19 de septiembre de 2016.

planificación que hace que sus cerebros se desconecten, y en un momento pueden pasar de ser individuos brillantes a quedarse en blanco.

Una de las razones por las que estas personas tienen que esforzarse tanto es porque pueden arreglárselas sin planificación durante más tiempo que la mayoría de nosotros. Si tienes algo de carisma y una gran habilidad para «hincar codos», es posible que hayas conseguido acabar un trabajo de forma decente en el último minuto, o al menos que hayas encontrado una forma de lograr que te den más tiempo para acabarlo. Si puedes seguir funcionando así sin problemas importantes, no tienes ninguna necesidad de cambiar.

Pero, a medida que vayas necesitando más tiempo —porque consigues un nuevo trabajo, te quedas con poco personal, te casas o tienes hijos, o tu salud empeora—, una vida sin planificación o sin rutinas puede llegar a agotarte, en el mejor de los casos, o a deprimirte, en el peor. En algún momento tienes que reconocer que el tiempo y el esfuerzo que supone establecer planes y rutinas vale la pena. A partir de mi experiencia como *coach* de gestión del tiempo de mis clientes, voy a formular aquí algunas verdades sobre la planificación que pueden ser difíciles de reconocer, pero que cada uno tiene que aceptar para seguir adelante. Una vez que las aceptes y que la planificación se convierta en un hábito para ti, puedes aprovechar su poder para que tu vida sea más feliz, saludable y productiva.

## Planificar te hará sufrir, al menos al principio

Si tu cerebro no está muy acostumbrado a planificar, sentirás dolor, literalmente, cuando empieces a hacerlo. Es como cuando comienzas una nueva rutina de ejercicio y trabajas músculos que ni siquiera sabías que tenías. Pero, a medida que desarrolles el hábito de planificar, el dolor asociado a hacerlo suele disminuir. Y, cuanto más refuerzo positivo obtengas al planificar, más lo harás.

Veamos el ejemplo de Camille Fournier, antigua directora técnica de Rent the Runway. Camille describe las molestias que le causó planificar y la recompensa que obtuvo (puedes leerlo en la columna «Ask the CTO» en O'Reilly.com). Cuando empezó a planificar sus proyectos, pasó por el estrés y la frustración de ver cómo su jefe diseccionaba sus planes allí donde detectaba incertidumbre o riesgo y le pedía que reconsiderara la planificación. «Fue absolutamente espantoso», explica, «y me sentí profundamente frustrada e impaciente durante todo el proceso. Y sin embargo, al final de todo, descompusimos este gran proyecto en trozos asumibles y seguí liderando con éxito un importante cambio en la arquitectura de la compañía casi dentro del plazo que habíamos previsto, a pesar de su complejidad. El recuerdo de la frustración que me provocaba la planificación se ha quedado en mi cerebro, pero también recuerdo el enorme logro que hizo posible esa planificación».

En algunos casos, la planificación funciona mejor cuando no tienes que hacerla solo. Puedes planificar un proyecto importante en equipo, o al menos con otra persona. Dependiendo del tamaño del equipo y del trabajo en paralelo, desglosa los objetivos mensuales en planes semanales; esto puede facilitar el proceso.

# Planificar lleva más tiempo de lo que esperas, y acabar el trabajo también

Planificar la semana puede llevarte entre 30 y 60 minutos, y la planificación de proyectos aún mucho más tiempo. Esto puede parecer excesivo a quienes no están familiarizados con la planificación. Pero quienes han tenido ocasión de comprobar su poder, saben que una hora a la semana puede hacer que cientos de horas de trabajo intelectual sean menos estresantes y más productivas.

Y, aún más, uno de los beneficios de planificar es que verás más claro cuánto tiempo se necesita para completar el trabajo, en lugar de cuánto tiempo crees que necesitaría. Esto puede ser un poco frustrante al principio, porque tienes que afrontar el hecho de que la realidad es diferente de lo que esperabas. Planificar tampoco significa que todo irá según lo preveas. Pero te permite detectar las desviaciones desde el principio, y así tienes la oportunidad de hacer algo al respecto, en lugar de quedarte atascado sin que se te ocurra ninguna opción.

## Las cosas tienden a ir mejor cuando planificas

Cuando planifiques, a menudo descubrirás algunas verdades sobre lo que hace falta para realizar un proyecto o simplemente para lograr acabar el trabajo de la semana. Puedes sentirte un poco incómodo porque eso significa salir del agradable mundo imaginario donde hay una cantidad infinita de tiempo, puedes acabar todo de una vez y hacer que todos sean felices. Pero reconocer estos hechos tan pronto como sea posible te da la capacidad de negociar rápidamente las expectativas sobre las entregas o de asignar más recursos a un proyecto. Puedes marcar límites con confianza y decidir lo que vas a hacer durante el día porque estás al tanto de todas tus opciones y de las prioridades actuales. Esto maximiza tu efectividad y te permite establecer y satisfacer sistemáticamente las expectativas.

## La planificación se convierte en el canario de los mineros

Antiguamente, los mineros bajaban a las minas con un canario que les servía para detectar con anticipación un peligro. Si el canario moría, era un aviso de que los gases tóxicos estaban aumentando en la mina y de que ellos debían salir. La planificación puede proporcionar el mismo tipo de señales de advertencia temprana —si te desvías considerablemente del plan que has previsto, es una señal de que algo va mal y de que necesitas hacer ajustes—. Tener un plan y comprobar cómo va cumpliéndose te permite hacer esos ajustes antes de que tus proyectos u otras actividades estén en peligro.

Muchas personas a quienes no les gusta planificar tienden a abandonar la planificación rápidamente, pensando que tienen las cosas bajo control. Pero con eso lo único que consiguen es que la situación empeore rápidamente. Mantener un ojo en el plan y hacer ajustes es tan importante como entregar un producto completo, y es lo que permite mantener la estabilidad de los procesos. Si ignoras al canario, tienes mayores probabilidades de fallar, porque no podrás percibir las señales de aviso.

¿Puede ser difícil la planificación? Sí. ¿Y es posible hacer más? Absolutamente. La recompensa de pasar por la molestia inicial que representa acostumbrarse a planificar puede traducirse en un gran aumento de la productividad, la disminución del estrés y, sobre todo, alinearte de forma intencional con lo que es más importante.

––––––––––––

**Elizabeth Grace Saunders** es autora de *How to Invest Your Time Like Money* (Harvard Business Review Press, 2015), es *coach* de gestión del tiempo y fundadora de Real Life E Time Coaching & Training. Para obtener más información consulta www.RealLife.com.

# CAPÍTULO 5

# Aprovecha al máximo el «tiempo sin prisas»

**Lynda Cardwell**

Hace unos años, el negocio de inversiones públicas de Fannie Mae pasó a formar parte de la cartera de trabajo de Wayne Curtis, vicepresidente de sociedades de inversión. En ese momento, Curtis tuvo que hacerse un replanteamiento fundamental de su metodología del trabajo. Antes de eso, le bastaban un par de meses para cerrar el acuerdo para ampliar una línea de crédito a una autoridad estatal o local para un proyecto residencial de cincuenta viviendas. Pero, ahora, por encima de esta responsabilidad estaba el

---

Adaptado del contenido publicado en hbr.org el 28 de febrero de 2008.

trabajo acelerado que conllevaba evaluar las compras multimillonarias de bonos.

«De repente, mi volumen de negocios se había multiplicado por diez», dice, «y el ritmo de mi nuevo trabajo era muy diferente al anterior. Yo trataba de averiguar cómo podía mantener el foco en las prioridades a largo plazo». Otra dificultad añadida fue una a la que muchos de nosotros nos enfrentamos cuando nos convertimos en gerentes: la expectativa de que mantendremos el mismo rendimiento que cuando éramos técnicos expertos, a pesar de que nuestros deberes principales son ahora gerenciales y estratégicos. Esto hace que tendamos a aferrarnos a tareas que, en realidad, podríamos delegar en nuestros subordinados directos.

Dilemas como estos ponen en evidencia cómo el ritmo y la presión del trabajo ahuyentan lo que el autor Thomas Hylland Eriksen llama el «tiempo sin prisas». La necesidad de trabajar más rápido y de asumir más volumen de trabajo pone en peligro nuestro elevado rendimiento. Cada vez disponemos de menos tiempo —o de ninguno— que nos permita realizar un trabajo intelectual e interpersonal detallado, concentrado y sin prisas, del cual depende el alto rendimiento, explica en *Tyranny of the Moment*.

¿Cómo aprovechar al máximo esta preciosa mercancía? Durante algún tiempo, los expertos en gestión han aconsejado que tratemos de comprender la relación entre la importancia y la urgencia de las tareas que debemos realizar. Un pensamiento más reciente, sin embargo, subraya la importancia que tiene el darse cuenta de que distintas tareas requieren distintos ritmos.

## Escoger las tareas que vas a abordar

Para maximizar tu «tiempo sin prisas», debes tener claro tu propósito, dice David Coleman, *coach* ejecutivo radicado en Washington DC. «Los objetivos clave que quieres alcanzar tienen que entrar en tu agenda en primer lugar, y todo lo demás debe estar distribuido con ese objetivo». Usando una técnica del libro de gestión clásico de Stephen A. Covey y otros, *Primero lo primero*[1], Coleman invita a sus clientes a que se imaginen que tienen piedras, grava y arena para llenar un tazón. Las rocas representan las tareas más importantes desde el punto de vista estratégico; la grava, el trabajo con la siguiente prioridad más alta, y la arena son las actividades menos importantes.

Si empezamos por la arena y la grava, no quedará sitio para las piedras. Pero, si se trabaja hacia atrás, comenzando por las piedras, luego poniendo la grava y, finalmente, agregando la arena, los clientes se dan cuenta de que hay mucho espacio para todo. Los objetivos de mayor prioridad son los primeros en el tiempo de un cliente, y el resto de tareas se realizan en orden de importancia descendente. De repente, es posible acabar la lista de tareas pendientes, algo que tiempo atrás resultaba imposible. Numerosos expertos en gestión recomiendan usar una simple matriz de dos por dos para identificar las tareas de mayor prioridad. En *Primero lo primero* se definen los cuatro cuadrantes en una matriz como:

1. **Tareas urgentes e importantes (cuadrante I).** Por ejemplo, gestionar la retirada de un producto

---

1 Covey, S. R., Merrill, A. R., & Merrill, R. R. (2012). Primero, lo primero: *Vivir, amar, aprender, dejar un legado.* Barcelona: Paidós.

o realizar una auditoría antes de aprobar una adquisición.

2. **Tareas no urgentes pero importantes (cuadrante II).**
Por ejemplo, desarrollar relaciones comerciales clave y elaborar el plan de respuesta de tu empresa a los cambios que prevés que ocurrirán en tu sector en los próximos 18 meses.

3. **Tareas urgentes pero no importantes (cuadrante III).**
Por ejemplo, atender las llamadas telefónicas de los representantes de ventas o responder a la solicitud de un colega para que le ayudes a preparar la celebración del departamento la próxima semana.

4. **Tareas no urgentes y no importantes (cuadrante IV).**
Por ejemplo, navegar por la red o chatear con compañeros de trabajo.

Para el tema del que estamos hablando, el cuadrante II es el más importante porque representa las actividades que requieren «tiempo sin prisas». La *coach* ejecutiva Catherine Fitzgerald, radicada en Bethesda (Maryland), afirma que, cuando sus clientes usan esta matriz de dos por dos, «es como si se encendiera una bombilla». Se dan cuenta de que emplean el valioso tiempo de las tareas importantes en tareas urgentes pero no importantes. Fitzgerald aconseja a sus clientes que reserven tiempo todos los días para el trabajo importante pero no urgente. Un objetivo de este tiempo debe ser entrenar a tu equipo para que asuma las responsabilidades que no es esencial que tomes tú mismo, pero que a menudo realizas motivado por el sentido del deber.

«Puedes liberarte fácilmente por lo menos del 5% de tu tiempo más valioso delegando las cosas», dice Fitzgerald. «Y esas tareas suelen resultar interesantes para un subordinado directo».

## Identificar los ritmos

Cuanto más tiempo dediques al trabajo importante y no urgente, más control tendrás sobre tu horario. En otras palabras, será menos probable que tu tiempo se consuma apagando fuegos. Esto no es una gran sorpresa. Entonces, ¿por qué la gente tiene tantas dificultades para reducir el tiempo que dedica a tareas urgentes pero sin importancia? Stephan Rechtschaffen, autor de *¡Cambie de ritmo!*[2], cree que la explicación tiene relación con un proceso conocido como «arrastre», en el cual una persona se vuelve casi psicológicamente adicta al ritmo de la tarea particular que está realizando.

«Cuando te enfrentas a tareas que no son urgentes ni importantes, pasa algo muy interesante», observa Rechtschaffen. «El ritmo ambiental de la vida moderna es tan rápido que, incluso en nuestro tiempo libre, en lugar de relajarnos tendemos a realizar actividades que nos mantienen en este mismo ritmo». Así, las típicas actividades recreativas del cuadrante IV tienden a ser cosas como ver la televisión —con su ritmo rápido y anuncios cargados de energía— o jugar a videojuegos —en los que la acción es muy rápida—.

---

2 Rechtschaffen, S. (1997). *¡Cambie de ritmo!: aprenda a crear tiempo para disfrutar de la vida.* Barcelona: Grijalbo.

«Creo que esto le sucede a muchas personas que están tratando de hacer un trabajo importante pero no urgente: son reacias a afrontar los sentimientos que aparecen cuando se ralentizan. Los sentimientos nos secuestran; actúan como máquinas de movimiento perpetuo que nos impiden entrar en la actividad con comodidad. Así que, en lugar de sentarnos y aceptar los sentimientos de culpa o inadecuación, nos lanzamos a realizar tareas de alto ritmo».

«La única manera de salir de esta trampa», dice Rechtschaffen, «es reconocer los sentimientos que surgen cuando se intenta frenar, dejar que se levanten y que caigan como una ola». Hacer una pausa después de acabar una tarea de alta frecuencia y antes de comenzar el trabajo del cuadrante II puede ayudarte a cambiar conscientemente los engranajes —señala—, al igual que poner música lenta, clásica o hacer unos minutos de ejercicios de respiración pensados para promover la atención plena.

«Lo importante no es tanto la gestión externa del tiempo, sino la interna», afirma Rechtschaffen. «El error fundamental radica en verse tan arrastrado a un ritmo particular que no puedes realizar la siguiente tarea, ya sea una actividad de ritmo rápido o una de ritmo lento, de una manera totalmente presente».

---

**Lynda Cardwell** es publicista y escritora de temas de marketing. Está radicada en Birmingham (Alabama).

# CAPÍTULO 6

# Armoniza tu gestión del tiempo con tus metas

¿Qué metas buscas en tu trabajo? ¿Guarda relación la forma en que utilizas tu tiempo con esas metas? Sin respuestas a estas preguntas no sabrás cómo priorizar, organizar y cumplir las muchas tareas de tu lista. Al final de un día ajetreado, puede ser difícil determinar en qué has invertido el tiempo. El siguiente sencillo proceso te ayudará a priorizar tu trabajo y a entender cómo estás empleando tu tiempo.

---

Adaptado de *Getting Work Done* (20-Minute Manager; producto #14003), Harvard Business Review Press, 2014.

## Elabora una lista con tus objetivos

Lo ideal es que te reúnas con tu director a principios de cada año para establecer una serie de objetivos que tendrás que cumplir. A partir de esta conversación, tienes que entender cómo se relacionan esos objetivos con los propósitos y la misión de la empresa. Es probable que también tengas tus propios objetivos profesionales. En conjunto, podrían ser algo como: «Mejorar las habilidades en la dirección de personal. Gestionar seis nuevos productos. Establecer contratos para todos los nuevos productos del departamento. Desarrollar habilidades de coordinación de vendedores».

Ahora revísalos y escribe estos objetivos en un papel o en una aplicación para tomar notas, si lo prefieres. Usarás estos objetivos de dos formas: primero, para priorizar tu trabajo diario y, en segundo lugar, para medir tu progreso —en otras palabras, para evaluar lo que estás logrando y si los cambios que haces como resultado de la lectura de este libro son eficaces para ti—. Si consultas regularmente esta lista, identificarás las tareas más importantes que debes realizar para que planificar en consecuencia.

## Haz un seguimiento de tu tiempo

Una vez que hayas identificado tus objetivos, analiza cómo estás utilizando el tiempo en realidad. ¿Estás trabajando en las cosas que *deberías* —las cosas que te permitirán alcanzar esas metas— o te estancas en tareas ajenas o en crisis imprevistas?

Con el fin de comprender realmente en qué estás empleando tu tiempo y para identificar si debes reajustar tu carga de trabajo, realiza un seguimiento de tu actividad durante dos semanas completando el siguiente ejercicio.

Tal vez descubras que tus resultados no están alineados con tus metas. El objetivo es descubrir dónde se produce ese desajuste para poder corregirlo.

### En primer lugar, anota tus actividades

Considera esto como un volcado cerebral e inclúyelo todo. Enumera todas las tareas que realizas, las reuniones a las que asistes e, incluso, el tiempo que dedicas a socializar o a postergar el trabajo. Revisa una o dos semanas anteriores de tu calendario para tener una idea de todas las actividades que realizas. Una vez que tengas una lista completa, divídela en categorías amplias para poder realizar un seguimiento del tiempo que pasas haciendo las tareas de cada categoría. Algunas categorías que tal vez debas considerar son:

**Responsabilidades básicas:** tareas cotidianas que constituyen el centro de tu trabajo.

**Crecimiento personal:** actividades y proyectos que te resultan significativos y valiosos, pero que pueden no ser parte de tus responsabilidades cotidianas.

**Dirección de personal:** tu trabajo con otros, incluidos subordinados directos, compañeros y también tus superiores.

**Crisis y emergencias:** interrupciones y asuntos urgentes que aparecen de forma ocasional e inesperada.

**Tiempo libre:** comidas y tiempo dedicado a escribir correos electrónicos personales, navegar por internet o las redes sociales.

**Tareas administrativas:** asuntos necesarios que realizas cada día, como aprobar registros de horas de trabajo o facturas, o preparar informes de gastos.

Ver tu trabajo dividido en categorías de este tipo te ayudará a visualizar en qué estás empleando realmente tu tiempo. Es posible que ya te percates de si esto va acorde con las metas que has identificado.

## Luego, monitoriza tu tiempo

Una vez que hayas establecido tus categorías, comienza a monitorizar cuánto tiempo pasas haciendo las tareas de cada categoría. Calcúlalo por hora o, si deseas profundizar en tus hábitos, puedes hacer una estimación más detallada. Para registrar tus resultados, utiliza una herramienta de seguimiento de tiempo en línea o un calendario estándar. Para analizar esos resultados, emplea una hoja de cálculo como la que se muestra en el cuadro 6-1. Coloca cada categoría en su propia columna y escribe los días de la semana en cada fila. Calcula el tiempo que pasas en la tarea de cada categoría para las próximas dos semanas y pon los totales en las categorías correspondientes.

Llegados a este punto, quizás pienses: «Estoy ocupado. No tengo tiempo para apuntar todo lo que hago». Es cierto: este sistema pide una inversión inicial de tiempo y esfuerzo.

Sin embargo, registrar tus tareas y el tiempo que tardas en completarlas te permitirá ver claramente dónde estás empleando demasiado tiempo y dónde necesitas empezar a reasignarlo para lograr tus objetivos. Si deseas mejorar tus habilidades en la dirección de personal, por ejemplo, a lo mejor resulta que dedicar diez horas a la semana

**CUADRO 6-1**

## Ejemplo de cuadro para hacer un seguimiento del tiempo dedicado a cada tarea por semana

| Fin de semana 4/14 | Responsabilidades principales | Desarrollo personal | Dirección de personal | Crisis y emergencias | Tiempo libre | Tareas administrativas | Tiempo total/día |
|---|---|---|---|---|---|---|---|
| lunes | 2 h | 1 h | 3 h | 0 h | 0 h | 2 h | 8 h |
| martes | 3 | 1 | 4 | 0 | 0 | 2 | 10 |
| miércoles | 7 | 0 | 0 | 1 | 0 | 2 | 10 |
| jueves | 0 | 3 | 3 | 0 | 0 | 2 | 8 |
| viernes | 1 | 2 | 0 | 1 | 3 | 2 | 9 |
| Tiempo total / actividad | 13 h | 7 h | 10 h | 2 h | 3 h | 10 h | 45 h |
| Porcentaje de tiempo | 29% | 16% | 22% | 4% | 7% | 22% | 100% |

*Fuente: 20-Minute Manager: Getting Work Done* (Harvard Business Review Press, 2014)

no es suficiente; tal vez necesites realizar algunas tareas administrativas con el fin de tener tiempo adicional para ese objetivo. Haciendo cambios pequeños e intencionados en cómo pasas el día, te asegurarás de que estás invirtiendo la cantidad de tiempo correcta en las tareas que más importan, lo que te hará más eficiente para alcanzar tus metas.

# CAPÍTULO 7

# Una herramienta para ayudarte a alcanzar tus objetivos en cuatro pasos

**Heidi Grant**

Marcar los objetivos que deseas conseguir no es solo una cuestión de establecer tus prioridades, también tienes que detallar cómo hacerlo. Las investigaciones demuestran que puedes mejorar significativamente tus probabilidades de alcanzar tus metas usando lo que los científicos motivacio-

Adaptado del contenido publicado en hbr.org el 7 de octubre de 2015.

nales llaman «planificación si... entonces» para expresar tus intenciones. Estamos neurológicamente programados para establecer conexiones de tipo «si... entonces», por lo que son poderosos desencadenantes para la acción.

Esta herramienta te ayudará a aprovechar el funcionamiento cerebral. Para comenzar, divide tus objetivos en subobjetivos concretos y en acciones detalladas para alcanzarlos.

Vamos a usar un ejemplo hipotético para ver cómo funciona esto.

**Paso 1:** Establece tu meta.

Meta: Mejorar la comunicación de equipo.

**Paso 2:** Divide tu meta en objetivos concretos más pequeños.

Objetivo 1: Identificar dónde falla la comunicación.

Objetivo 2: Crear nuevas oportunidades para la comunicación entre los gerentes y los subordinados.

Objetivo 3: Reducir la sobrecarga de información entre los miembros del personal.

**Paso 3:** Identifica las acciones detalladas para lograr cada objetivo —y quién, cuándo y dónde debe realizar las acciones—.

*Acción sobre el objetivo 1*: Reunir información sobre las áreas problemáticas de los empleados.

*Quién-cuándo-dónde para objetivo 1*: director de recursos humanos, a principios de mes, correo electrónico.

*Acción sobre el objetivo 2*: Generar un informe de estado semanal rápido.

*Quién-cuándo-dónde para el objetivo 2*: Todos los empleados, todos los viernes, se enviarán por correo electrónico al mediodía.

*Acción sobre el objetivo 3*: Prohibir el reenvío automático de correos electrónicos.

*Quién-cuando-dónde para el objetivo 3*: Todos los empleados, siempre que se envían correos electrónicos.

**Paso 4:** Crea planes «si... entonces» que pongan en marcha acciones. Estructura tus planes con declaraciones con formato «si... entonces» («si *x*... entonces *y*») usando tus acciones y los quién, cuándo y dónde del paso 3.

*Plan «si... entonces» para el objetivo 1*: Si estamos a principios de mes, entonces yo (el director de recursos humanos) enviaré formularios por correo electrónico solicitando sugerencias sobre cómo mejorar la comunicación.

*Plan «si... entonces» para el objetivo 2*: Si es viernes por la mañana, entonces yo (todos los empleados) crearé un resumen del progreso de los proyectos actuales y lo enviaré (por correo electrónico) a mi supervisor al mediodía.

*Plan «si... entonces» para el objetivo 3*: Cuando yo (todos los empleados) envíe cualquier correo electrónico, voy a incluir una breve nota en la parte superior que explique lo que es y por qué lo estoy compartiendo.

Definir tu objetivo es importante. Pero cuando además aplicas la planificación «si... entonces» para decidir exactamente cuándo, dónde y cómo lograrás tu objetivo, determinas las condiciones para el éxito, aumentas tu sentido de responsabilidad y reduces la incómoda distancia entre saber y hacer.

---

**Heidi Grant, PhD,** es científica sénior del Neuroleadership Institute y directora asociada del Centro de Ciencias de la Motivación de la Universidad de Columbia. Es autora del superventas *Nine Things Successful People Do Differently* (Harvard Business Review Press, 2012). Su último libro es *No One Understands You and What to Do About It* (Harvard Business Review Press, 2015), que ha aparecido en medios nacionales e internacionales. Su cuenta en Twitter es: @heidigrantphd.

# CAPÍTULO 8

# Los esprints son el secreto para acabar más cosas

**John Zeratsky**

Aunque numerosos expertos han propuesto sistemas y filosofías para conseguir ser más productivo en el trabajo, mi compañero de escritura Jake Knapp propuso en 2009 su propia solución: el esprint. Este proceso de cinco días ayuda a los equipos a concentrarse en un gran objetivo y a pasar de la idea al prototipo, a la investigación del cliente en ese corto período. La idea es hacer que un proyecto avance rápidamente, para poder ver cómo sería el resul-

---

Adaptado del contenido publicado en hbr.org el 15 de marzo de 2016.

tado final y cómo reaccionaría el mercado. También es una construcción popular en la gestión ágil de proyectos.

En GV hemos probado el proceso con más de cien empresas emergentes, ayudándoles a hacer esprints para responder a grandes preguntas, probar nuevas ideas de negocio y resolver problemas críticos. Hemos visto una y otra vez lo útiles que resultan a los equipos para ser más productivos y moverse más rápido.

Sin embargo, los esprints no se refieren solamente a las reuniones de última hora, extraordinarias o de «pila de cajas de pizza sobre la mesa de conferencias» que solo funcionan para las compañías noveles del sector de internet. También funcionan en organizaciones más grandes y se ajustan a un horario de trabajo normal. El día del esprint suele durar desde las 10 h de la mañana hasta las 5 h de la tarde, así que a los participantes todavía les queda tiempo para ver a sus familias y amigos, dormir lo suficiente y, sí, para quedarse atrapados en el correo electrónico.

¿Por qué los esprints ayudan a los equipos a hacer más cosas? No se trata solo de velocidad. También conllevan impulso, enfoque y confianza. Las empresas que efectúan esprints —en campos como la oncología, la robótica, el café y docenas más— ven resultados consistentes del proceso. Veamos cinco de los resultados más importantes.

*Los esprints te ayudarán a empezar.* Cuando se está gestando un gran problema, puede ser difícil empezar a profundizar en él. Los esprints son un mecanismo de implicación excelente, cuando se reúne a un equipo, se reserva el calendario y se programan las entrevistas con los clientes, te comprometes a progresar. La empresa Savioke, cliente de

GV, se encontró en esta misma situación: el equipo había pasado meses desarrollando un robot de reparto para hoteles, pero se sentía paralizado por grandes preguntas sobre la personalidad y el comportamiento del robot. Planeamos un esprint y, al final de esa semana, Savioke había probado una personalidad simple del robot con los clientes reales.

*Los esprints te mueven de lo abstracto a lo concreto.* Demasiados proyectos quedan atrapados en un universo alternativo donde abundan los debates, las teorías y las intuiciones, pero el progreso es poco frecuente. Para el lanzamiento de la compañía de podcasts Gimlet Media, una pregunta abstracta estaba causando ansiedad a los fundadores, Alex Blumberg y Matt Lieber: ¿Debíamos convertirnos en una empresa de tecnología? Decidieron hacer un esprint con la pregunta y obtuvieron una respuesta casi inmediata. Después de esbozar lo que sería su potencial futuro como empresa de tecnología y preguntando a los clientes, decidieron que no era necesario para alcanzar sus metas como empresa.

*Los esprints te mantienen centrado en lo que es importante.* Con todo el ruido, las distracciones y las demandas de atención en tu oficina, es casi imposible ver qué temas son realmente los más críticos. Por esta razón, cada esprint comienza con un día entero dedicado a planear el problema en cuestión. Luego, después de que el equipo haya alcanzado una comprensión común de la dificultad, puedes determinar exactamente adónde dirigir tu atención. Cuando Flatiron Health comenzó a trabajar en una nueva herramienta para las clínicas oncológicas, naturalmente comenzó centrándose en los médicos y los pacientes, los principales interesados en sus productos. Pero un esprint ayudó al equipo a darse cuenta de que los coordinadores de investigación —las personas que gestionaban los estudios clínicos— eran en realidad más importantes. Al final de la semana, habían probado un prototipo con este grupo y habían recibido suficiente información positiva de ellos para seguir adelante con el proyecto.

*Los esprints fuerzan la toma de decisiones claras.* El estilo usual de toma de decisiones de negocios se rompe: es difícil buscar el consenso; no hacemos llamadas difíciles; no somos transparentes sobre cómo se hacen las elecciones. El esprint corrige estos problemas. Los líderes en Slack usaron el proceso para decidir entre dos metodologías de marketing fundamentalmente diferentes. Una era única, audaz, difícil de implementar y la favorita del CEO. La otra era más convencional pero más fácil de construir. El equipo podría haber debatido interminablemente los méritos de cada enfoque hasta que todos estuvieran de acuerdo en uno, o simplemente decidirse por la preferida del CEO, pero en su lugar hicieron un esprint para crear un prototipo y una prueba con los dos. Después de realizar una prueba con el cliente, los resultados fueron claros: la técnica de marketing más simple era la más eficaz.

*Los esprints fomentan la monitorización rápida.* Tu equipo logrará muchísimo en cada esprint, pero los efectos colaterales —la confianza de saber que estás en el camino correcto— son aún más poderosos. Cuando LendUp comenzó a trabajar en una nueva tarjeta de crédito para los consumidores con crédito nulo o bajo, el equipo tenía muchas ideas para características útiles, pero ni idea de cómo priorizarlas para diseñar y lanzar el producto. En nuestro esprint juntos, creamos un marketing falso en torno a todas las características posibles. Armados con los resultados —una delimitación clara entre esencial e insignificante— el equipo avanzó a toda velocidad con la tarjeta.

Los esprints funcionan para equipos y organizaciones de cualquier tamaño, desde las pequeñas empresas emergentes hasta las empresas *Fortune 100* y las organizaciones sin ánimo de lucro. Si eres un líder con una gran oportunidad, un problema o una idea, los esprints te ayudarán a empezar, a permanecer enfocado, a decidir rápidamente y a construir un lugar de trabajo donde se hagan más cosas.

———————

**John Zeratsky** es socio de diseño de GV y coautor de *SPRINT: How to Solve Big Problems and Test New Ideas in Just Five Days*.

# CAPÍTULO 9

# Consigue más comprometiéndote menos

**Elizabeth Grace Saunders**

Es peligroso creer que más es siempre más.

La complejidad tiene un coste. Cada vez que te implicas en algo nuevo, no solo te comprometes a hacer el trabajo en sí, sino también a coordinarlo, a afrontar los gastos generales administrativos y a hacer lo necesario para cumplir con los plazos establecidos.

El triste resultado de asumir todo lo que se te presenta es que terminas utilizando más tiempo para gestionar el trabajo que el que empleas para las cosas verdadera-

Adaptado del contenido publicado en hbr.org el 30 de enero de 2015.

mente importantes y para las que te resultan más satisfactorias. Pero las personas que crean el mayor valor para sus organizaciones adoptan una metodología diferente. Empiezan aclarando lo máximo posible cuál es el trabajo importante que les proporcionará resultados. Luego, cuando surge algo nuevo, se detienen y, antes de decir que sí, evalúan el nuevo elemento en términos de lo que ya saben que es más importante. Cuando se valoran las nuevas oportunidades —desde una simple solicitud de una reunión a una importante solicitud de un proyecto— no se trata de ser rebelde o poco servicial. Simplemente se trata de reconocer las nuevas actividades como lo que son: una solicitud de recursos de tiempo que, si no se gestiona adecuadamente, podría suponer un grave riesgo para la ejecución excelente de las prioridades más importantes.

Son matemáticas básicas. Cada proyecto adicional divide tu tiempo en piezas más pequeñas, y cada vez más pequeñas, de modo que te queda menos tiempo para dedicarlo a cualquier otra cosa. En cambio, si reduces el número de responsabilidades, tienes más tiempo para dedicar a cada cosa. En un nivel individual, quieres lograr el equilibrio ideal entre el número de proyectos y el tiempo que necesitas para hacer que sean sobresalientes. El mismo principio es válido en los niveles de departamentos y de toda la compañía. Promover menos nuevos proyectos, nuevos productos e incluso nuevos clientes da a todos la capacidad de ofrecer resultados innovadores en lo que ya hay.

La mejor manera de romper el círculo vicioso de un exceso de compromisos y de un rendimiento por debajo de lo deseable es administrar muy cuidadosamente lo que acuerdas hacer. Realmente puedes hacer más si aceptas menos. Veamos algunos de los pasos que hay que seguir para evitar sobrecargarse:

*Crear una pausa.* Siempre que sea posible evita responder a las solicitudes de nuevos compromisos inmediatamente. En su lugar, ralentiza el proceso de toma de decisiones y date el espacio para tomar una decisión razonada. Primero, haz preguntas clarificadoras. Por ejemplo, si alguien te pide que hagas una presentación, di: «Suena interesante. ¿Qué tienes en mente?». Confirma el tema, el formato y la formalidad también, para determinar cuánto trabajo de preparación será necesario. Luego, pide un tiempo para revisar tus compromisos y responder más adelante: «Necesitaré algún tiempo para revisar mis compromisos actuales. ¿Te parece razonable si te respondo mañana?». La gente quiere ser «razonable», así que suelen responder que sí. Si esta comunicación tiene lugar por correo electrónico, es posible que no necesites pedir el tiempo para responder a la solicitud.

*Di «no» a menudo y pronto.* Si sabes inmediatamente que no tienes la capacidad de asumir un proyecto, di no tan pronto como sea posible. Cuanto más te esperes, más difícil será para ti rechazar la solicitud y más frustrada se sentirá la otra persona cuando reciba tu respuesta. Un simple «suena genial, pero por desgracia ya estoy a tope ahora» puede bastar.

*Piensa en el proyecto.* Si deseas asumir el proyecto, deja de pensar en lo que necesitas hacer para completarlo. Una presentación podría incluir hablar con los principales interesados, investigar, montar el archivo de diapositivas y ensayar. Para un proyecto mucho más amplio, el compromiso puede ser mayor y menos claro. Planifica qué sabes y luego haz estimaciones de la cantidad de tiempo que crees que estos pasos pueden requerir.

*Revisa tu calendario.* Una vez que hayas pensado exhaustivamente en el compromiso, revisa tu calendario para ver dónde tienes o no espacio en tu horario (véase más adelante «No desperdicies los intervalos de 30 minutos entre reuniones» para más información sobre cómo aprovechar el tiempo libre). En el caso de la presentación, si ves que tienes tiempo en tu agenda, puedes comprometerte con el proyecto con confianza y reservar tiempo para él. En el caso de que la presentación requiera preparación y no tengas tiempo libre entre ahora y el día del evento, tienes algunas opciones. La primera es simplemente declinar la solicitud, puesto que no tienes tiempo disponible en tu horario para asumir nuevas tareas. La segunda opción es considerar renegociar tus compromisos actuales para poder asumir el nuevo proyecto. Evalúa la nueva solicitud en relación con tus proyectos actuales. ¿Vale la pena retrasar o eliminar otras actividades para asumir este proyecto? Si no estás seguro, pregunta a tu jefe: «Se me ha pedido que hiciera una presentación para XYZ. Eso significaría apartarme del proyecto ABC durante tanto tiempo. ¿Te parece bien que reorganice mis prioridades para poder cumplir con este encargo, o prefieres que rechace la presentación?». Cualquiera de estas estrategias te permite asumir una cantidad razonable de compromisos y evitar ir corto de tiempo.

## NO DESPERDICIES LOS INTERVALOS DE 30 MINUTOS ENTRE REUNIONES

**Jordan Cohen**

A menudo no prestamos atención a los intervalos de 30 minutos entre dos reuniones. Para la mayoría, solo significa que hay algo de espacio para respirar antes de que comience la próxima reunión. Es hora de tomar una café rápido y quizás responder a unos cuantos correos electrónicos. En un día cualquiera, eso puede parecer inofensivo pero, si retrocedes para tener una perspectiva mayor, digamos un mes, un trimestre o un año, estos espacios de 30 minutos pueden ser un coste real que está afectando a tu productividad: cuatro intervalos de 30 minutos en tu agenda pueden sumar hasta el 25% de tu jornada laboral. Pensar de manera diferente sobre estos espacios vacíos es rentable. De nosotros depende el que decidamos cómo emplearlo; declararlo como una pérdida de tiempo es una oportunidad perdida. Veamos a continuación cómo recuperar parte de ese tiempo:

- Al comienzo del día, tómate unos minutos para identificar esos intervalos en tu horario.

- Programa lo que deseas lograr en cada intervalo de tu calendario. Puede ser cualquier cosa, desde uno de esos trabajos rutinarios (como informes de gastos) hasta una de esas tareas más importantes y determinadas que has estado temiendo (como escribir tu próxima presentación).

*(continúa)*

## NO DESPERDICIES LOS INTERVALOS DE 30 MINUTOS ENTRE REUNIONES

(*continuación*)

- Responsabilízate. Al final del día, revisa las tareas programadas en esos intervalos de 30 minutos y anota cuáles has realizado.

Estos pequeños espacios de tiempo también son buenos para el tipo de trabajo al que debes volver en distintas ocasiones y que necesita reflexión, como escribir un artículo o buscar un resultado creativo. Por ejemplo, hace poco comencé a planificar un proyecto grande. Utilicé un bloque de 30 minutos para empezar a redactar el borrador de la escritura de constitución del proyecto. Más tarde esa misma semana, volví a revisar el borrador. El paso de unos pocos días me ayudó a ganar perspectiva. Cuando revisé la carta, pude cambiar parte de su contenido.

Así que deja de ver esos intervalos de 30 minutos en tu jornada laboral como una pérdida de tiempo. Pueden ser lo que le dé impulso a tu productividad.

---

**Jordan Cohen** es jefe de eficiencia organizacional, formación y desarrollo y talento en Weight Watchers International. Es experto en productividad del trabajador del conocimiento y colaborador frecuente de HBR.

Adaptado del contenido publicado en hbr.org el 11 de febrero de 2015.

*Ajusta tus compromisos.* Si asumes un nuevo proyecto que puede afectar a otros, haz que la gente sepa qué puede o qué no puede esperar de ti. Ellos quizás prefieran que no des prioridad a otra iniciativa pero, si estás de acuerdo con tu jefe y es coherente con sus objetivos, estás tomando la decisión correcta. Además, si desde un principio explicas a la gente qué pueden esperar de ti, es menos probable que se sientan molestos. Esto te dará la oportunidad de planificar con ellos una nueva programación temporal o delegar trabajo en otra persona que tenga más disponibilidad.

Una vez que tengas claros tus compromisos, anótalos en el calendario. Así sabrás que dispones del tiempo y el espacio necesarios para realizar el trabajo con el que acabas de comprometerte. Con esta claridad en tu programación, puedes hacer el trabajo y hacerlo bien. Regálate horas, o incluso días enteros, para sumergirte en la excelencia. Cuando no estás tratando de ganar 20 o 30 minutos aquí y allá, entre correos electrónicos y reuniones, para avanzar con las iniciativas importantes, puedes completar el trabajo verdaderamente importante y disfrutar del proceso.

---

**Elizabeth Grace Saunders** es autora de *How to Invest Your Time Like Money* (Harvard Business Review Press, 2015), *coach* de gestión del tiempo y fundadora de Real Life E Time Coaching & Training. Para más información visita: www.RealLife E.com.

CAPÍTULO 10

# Cómo negarse a aceptar más trabajo

**Rebecca Knight**

A veces estás demasiado ocupado o, simplemente, no te interesa aceptar un proyecto en el que te han pedido que trabajes. Es posible que no tengas elección pero, si la tienes, ¿cómo rechazar la propuesta sin ofender a quien te la ha ofrecido? ¿Cómo puedes evitar ganarte la fama de «individualista» o de «alguien con quien es difícil trabajar»?

---

Adaptado del contenido publicado en hbr.org el 29 de diciembre de 2015.

## Qué dicen los expertos

Decir «no» no es algo que la mayoría de nosotros hagamos de forma espontánea. Te sientes pésimamente mal si decepcionas a un compañero, culpable cuando rechazas una petición de tu jefe y nervioso por negarte a la solicitud de un cliente. «No quieres que te vean como "una persona de noes"», dice Karen Dillon, autora de la Guía HBR *Relaciones de Poder en la Oficina*. «Quieres que te vean como "una persona de síes", una "persona de referencia", una "persona que colabora con los demás"». El problema es que aceptar trabajar en demasiados encargos y participar en demasiados proyectos te deja bajo presión y estresado. Decir «no» es vital para tu éxito y para el de tu organización, pero eso no hace que sea más fácil decirlo, dice Holly Weeks, autora de *Failure to Communicate*: «La gente dice: "No hay una buena manera de dar malas noticias", pero hay pasos que puedes dar para que la conversación salga lo mejor posible».

## Evaluar la solicitud

Antes de responder de inmediato, Dillon aconseja que evalúes primero la solicitud para determinar hasta qué punto es una oportunidad «interesante, atractiva y emocionante, y luego decidas si para ti es factible ayudar». «Piensa en lo que tienes en marcha, en si puedes cambiar las prioridades o en si algún compañero podría intervenir para ayudarte [en tus otros proyectos]», dice. «No digas "no" hasta que estés seguro de que tienes que decirlo». La evaluación de la propuesta o solicitud no debería ser un esfuerzo en solitario, agrega Weeks. Sugiere que «contextualices» a la persona que te está haciendo la solicitud —ya sea un cliente, un compañero de trabajo o tu gerente— sobre tu carga de trabajo, para que pueda «ayudarte a evaluar la escala y el alcance» de lo que te está pidiendo. Por ejemplo, necesitas saber: «Si se trata de una tarea pequeña que no llevará demasiado tiempo o si es un proyecto a más largo plazo. Y cuál es su importancia». Weeks dice que el objetivo es que entiendas «cuánto le va a costar a la otra persona que le digas "no"», y que tu homólogo capte «las repercusiones de lo que te está pidiendo».

## Sé directo

Si te das cuenta de que no tienes ni el deseo ni la capacidad de ayudar y, por lo tanto, necesitas rechazar la solicitud, sé honesto acerca de tus razones, aconseja Weeks. «Demasiado a menudo, la gente comienzan dando pequeñas excusas y se reservan la verdadera razón por la que están diciendo "no" porque creen que es demasiado fuerte», afirma. «Pero las pequeñas explicaciones críticas con uno mismo no son convincentes y se refutan fácilmente. O se ven como falsas. «Para limitar la frustración, sé sincero sobre por qué estás diciendo que no. Si te cuestionan, permanece firme, claro y mantén tu mensaje. Dillon recomienda que describas tu carga de trabajo y los «proyectos en los que estás trabajando» diciendo algo así como: «Sería incapaz de hacer un buen trabajo en tu proyecto y el resto de mi trabajo se resentiría».

## Ofrece un «salvavidas»

Para no enemistarte con la persona a quien estás diciendo «no», es fundamental «validar al otro», dice Weeks. Se empático. Se compasivo. Ella sugiere un comentario del tipo: «Me doy cuenta de que al decir "no", esta [tarea] vuelve a estar en tus manos». La otra persona tal vez no esté contenta con tu respuesta, pero la tolerará. Dillon sugiere que ofrezcas un salvavidas preguntando si «de algún modo puede servir de ayuda una pequeña aportación tuya». Tal vez puedas asistir a alguna sesión de lluvia de ideas, leer algún primer borrador o simplemente servir como caja de resonancia. Incluso al decir que no, muestras una voluntad de «transmitir espíritu de equipo», dice. Si no puedes ofrecer pequeños favores, asegúrate de tener presente la imagen que das en el lugar de trabajo. «Si dices que estás demasiado ocupado para ayudar, no te marches temprano y que no te vean tomando pausas largas charlando en la máquina del café».

## No seas odioso, pero tampoco demasiado agradable

«La forma en que dices "no" es muy importante», dice Dillon. «No hagas que la otra persona se sienta mal por pedirte ayuda». Procura no suspirar o hacer muecas, no respondas cosas como: «No es mi turno, ¿por qué no se lo pides a Donna?». «Sé amable, pero firme». Presta atención a tu tono y a tu lenguaje corporal, dice Weeks. No cruces los brazos y «no uses expresiones faciales que comuniquen objeciones o reticencia». Esfuérzate por dar un no neutro. También es vital que no dejes a la otra parte con la falsa esperanza de que tu «no» podría acabar convirtiéndose en un «sí», añade. «Hay una tremenda tentación de suavizar el "no" para obtener una mejor respuesta», dice. «Pero, cuando tu "no" es reticente, flexible y maleable, da la impresión de que "tal vez cambiaré de opinión", y anima a la otra parte a seguir presionando». Al mismo tiempo, dice, es razonable afirmar que, aunque la respuesta puede ser «no» hoy, las cosas podrían cambiar en el futuro.

## Ajusta tus expectativas

Incluso si sigues todos estos pasos, prepárate para recibir una respuesta negativa. Tu compañero o tu cliente «puede no estar contento; puede castigarte o actuar de forma desagradable si decide romper la relación», dice Weeks. «Puedes influir en cómo reacciona la otra persona, pero no puedes controlarla». Ella sugiere «ajustar tus expectativas» a lo que puedes esperar lograr. No puedes agradar a todo el mundo. «No lo veas como una elección entre romper y conservar una relación», dice. Dillon está de acuerdo y señala que no debes interpretar más de la cuenta la reacción inicial de quien vino a pedirte ayuda. «Se siente frustrado. Pero puede que no sea algo personal. No supongas que va a estar enfadado contigo durante tres semanas».

## Practica

Para aprender a decir «no» mejor, Dillon sugiere que practiques diciéndolo en voz alta, ya sea solo o con un amigo o compañero de confianza. «Escúchate a ti mismo», dice. Tu tono debe ser claro y tu comportamiento diplomático. «Quieres decir "no" de una manera que haga que la gente te respete». Decir «no» es una habilidad que puedes aprender y que acabará siendo más fácil, agrega Weeks. «Piensa en toda la gente que tiene que decir "no" para vivir: abogados, policías, árbitros, jueces...», dice. «Lo hacen con dignidad. Son dueños de lo que dicen. Y son responsables de ello, independientemente de los fuertes sentimientos de la otra parte».

## Caso de estudio: Contextualizar por qué decimos «no»

Katherine Hays, fundadora y directora ejecutiva de Vivoom, la compañía de publicidad móvil de Cambridge (Massachusetts), dice que debe recordarse constantemente que: «Decir "no" es una de sus responsabilidades más importantes».

«Para una compañía emergente, la oportunidad es tan grande y hay tanto por lograr que [asumir] todo es tentador», dice ella. «Pero, si no tienes tiempo para hacer algo bien, estás haciendo un flaco favor a la persona a la que dijiste que sí».

Hace un par de meses, Katherine tuvo que decirle que no a un posible cliente, al que llamaremos Edward, que quería usar la plataforma de Vivoom para una nueva campaña publicitaria. Esto, en condiciones normales, habría sido una gran oportunidad. Pero Edward quería lanzar su campaña en menos de una semana, y el equipo de Katherine normalmente necesita de dos a tres semanas para que un nuevo cliente pueda estar operativo en su sistema.

«Soy una emprendedora, así que soy optimista por naturaleza», dice. «Pero tuve que pensar a largo plazo [sobre la solicitud]. Claro, algo me decía que tal vez habríamos podido hacerlo en ese plazo de tiempo, pero la esperanza no vale como estrategia».

Cuando le dijo a Edward que no, primero reconoció que sabía que no era lo que él quería oír. A continuación, le explicó cómo funciona el equipo Vivoom y le dio a conocer por qué ese proceso requiere varias semanas. Simplemente no había tiempo suficiente.

Edward volvió a presionar. Le prometió que entendería si los resultados de la campaña publicitaria no eran tan buenos como podían ser.

Pero Katherine se mantuvo firme: «Le dije que quería que su primera campaña en nuestra plataforma tuviera éxito, que si hubiera dicho que sí, se habría sentido bien a corto plazo, pero no a largo plazo, y que queríamos trabajar en su próxima campaña».

Esta postura le ayudó a ganar su confianza y a un nuevo cliente. Su primera campaña Vivoom se lanza a principios del próximo año.

## Caso de estudio: Valora cómo encaja la solicitud con tus objetivos

Para Beth Monaghan, directora y cofundadora de InkHouse, una empresa de relaciones públicas, decir que no solía ser una lucha. Se sentía culpable cuando tenía que rechazar las peticiones de sus compañeros o clientes, pero aceptar todo lo que le pedían la dejó abrumada y estresada.

Tenía que ceder en algo. Hace unos años, hizo una lista de sus tres principales objetivos personales y profesionales para el año. «Llevo la lista conmigo a todas partes», dice. «Me ayuda a decir no más fácilmente porque veo inmediatamente si [la solicitud] se ajusta a mis metas. Ello hace que me sienta menos culpable por decir que no y me hace tener más claro cómo quiero pasar mi tiempo».

Recientemente, Beth recibió una solicitud por correo electrónico de una colega, a quien llamaremos Susan, que dirige una organización empresarial con la que InkHouse trabaja estrechamente. Susan escribió para preguntarle a

Beth si su equipo estaría dispuesto a hacer algún trabajo voluntario para su organización.

Beth estaba indecisa. Por un lado, el proyecto de Susan podría ser una buena forma de dar a conocer a InkHouse. Por otra parte, Beth tenía un número de horas limitadas para trabajos voluntarios y prefería invertirlas en organizaciones relacionadas con la defensa de alguna causa. (Los objetivos profesionales de Beth incluyen diversificar la base de clientes de InkHouse, fortalecer su presencia en la Costa Oeste y «hacer algo bueno por el mundo» donando su tiempo y su experiencia).

Durante la fase de evaluación, Beth valoró otros factores; por ejemplo, los proyectos con los que su equipo ya se había comprometido. «Yo sabía que, si no teníamos los recursos necesarios y acabábamos haciendo un mal trabajo en el evento, perderíamos oportunidades y sería peor que haber dicho que no en el primer lugar», dice.

Beth decidió rechazar la solicitud y llamó a Susan para explicarle por qué. Su objetivo era decir «no» con «claridad, amabilidad y respeto», dice. «Fui muy sincera. Le expliqué mis razones. Su objetivo era digno, pero no se ajustaba al mío en ese momento, y ella lo comprendió. Además, le dije que aunque en ese momento la respuesta era negativa, las cosas podrían cambiar en un año».

———————

**Rebecca Knight** es periodista freelance en Boston y profesora en la Universidad de Wesleyan. Sus trabajos se han publicado en *New York Times*, *USA Today* y *Financial Times*.

# CAPÍTULO 11

# La gente más productiva sabe a quién ignorar

**Ed Batista**

Uno de mis clientes de *coaching* es socio director de una gran firma de abogados, y uno de los temas en los que hemos estado trabajando es cómo afrontar de manera más efectiva la gran cantidad de tiempo que le exigen: clientes que esperan que esté disponible, socios de la firma y otros empleados que quieren que atienda sus inquietudes y resuelva las disputas, una bandeja de entrada invadida por mensajes de estas mismas personas —¡y de otras!— y una lista interminable de tareas por completar. Por supuesto,

Adaptado del contenido publicado en hbr.org el 20 de agosto de 2014.

este desafío se agranda porque también es importante reservar tiempo para los seres queridos y los amigos, para hacer ejercicio y atender otras necesidades personales.

Cuando nos enfrentamos a demandas de nuestro tiempo que pueden llegar a ser agotadoras, a menudo se nos aconseja «¡priorizar!»; como si fuera algún tipo de hechizo que puede resolver el problema por arte de magia. Pero lo que he aprendido en el proceso de ayudar a las personas a lidiar con sus flujos de trabajo y a gestionarlos es que priorizar sirve para relativamente poco, en parte, porque es muy sencillo hacerlo. Definamos el término. Priorizar es el proceso de clasificar por orden de importancia las cosas: las personas que requieren que les dediquemos nuestro tiempo, los elementos de nuestra lista de cosas por hacer, los mensajes de nuestra bandeja de entrada. Aunque a veces esto pueda resultar difícil, es en gran medida una tarea cognitiva sencilla. Cuando estamos frente a una convocatoria de reunión, ante una lista de tareas pendientes o frente a nuestro correo electrónico, tenemos una idea intuitiva de lo importante que es, y podemos comparar fácilmente estos elementos y clasificarlos por orden de importancia.

Este es el problema. Después de priorizar, actuamos como si todo mereciera nuestro tiempo y atención, y pensamos que ya llegaremos a los elementos menos importantes «más tarde». Pero el más tarde nunca llega. La lista sigue siendo interminable.

Nuestro tiempo y nuestra atención son recursos finitos y, una vez que alcanzamos cierto nivel de responsabilidad en nuestra vida profesional, no podemos dar respuesta a todo lo que nos demandan, sin que importe lo mucho o lo duro que trabajemos. La fila de gente que quiere vernos va creciendo hasta el infinito. Nuestras listas de tareas se alargan cada vez más. Nuestras bandejas de entrada jamás están vacías.

Lo que hace que tantos de nosotros nos equivoquemos es suponer que podemos seguir reduciendo ese límite si trabajamos más duro, más tiempo, de forma «más inteligente» —lo que quiera que sea que signifique eso en realidad—, con la vana esperanza de que por fin, *algún día*, llegaremos al final de la lista.

La clave es reconocer que priorizar es necesario, pero no suficiente. El siguiente paso fundamental es el *triaje*. El personal médico que se enfrenta a una situación de crisis tiene que decidir quién requiere asistencia inmediata, quién puede esperar, quién no necesita ayuda en absoluto y a quién ya no se puede salvar. Si nosotros aplicamos ese método, el triaje no solo implica centrarse en los elementos que son más importantes y retrasar los menos importantes hasta «más adelante», sino en *ignorar* activamente esa gran cantidad de elementos cuya importancia cae por debajo de un determinado límite. Veamos continuación cómo clasificar tu trabajo.

## Reformula el problema

Ver una bandeja de entrada llena, una lista interminable de tareas pendientes y una fila de gente contrariada en tu puerta como una señal de tu *fracaso* es algo totalmente inútil. Enfocarlo así tal vez te motive para trabajar más duro con la esperanza de lograr la victoria *algún día*, pero es inútil. Nunca ganarás esas batallas, en ningún sentido importante, porque en un cierto punto de tu carrera, las potenciales demandas a las que has de enfrentarte siempre superarán tu capacidad de trabajo, sin que importe cuánto esfuerzo les dediques. Necesitas replantearte el problema. Así, la bandeja de entrada, la lista de tareas, los que esperan delante de tu puerta son, de hecho, signos de tu éxito: un indicio de que la gente solicita tu tiempo y tu atención. Y la victoria final no radica en ganar batallas tácticas, sino en ganar la *guerra*: lo importante no es que tu bandeja de entrada no tenga mensajes pendientes, sino que no tenga mensajes importantes pendientes. No se trata de terminar con toda la lista de tareas por hacer, sino de tachar todos los elementos realmente importantes. No es que no deba haber nadie esperando en tu puerta, sino que entre los que esperan no debe haber gente que no sea verdaderamente importante.

## Gestiona tus emociones

El triaje de tu trabajo no es simplemente un proceso cognitivo, conlleva un aspecto emocional que hay que gestionar. Ignorar deliberadamente las cosas y decir «no» a los demás provoca un abanico de emociones que ejercen una poderosa influencia sobre tus elecciones y tu conducta. Esto es precisamente lo que hace que el triaje sea tan difícil y, hasta que no reconozcas su dimensión emocional, es poco probable que tus esfuerzos por controlar tu flujo de trabajo principalmente mediante intervenciones intelectuales sea mínimamente eficaz.

Este proceso puede estar ocurriendo en este mismo instante. Hace un momento, cuando leíste la frase «gente que sea no verdaderamente importante», probablemente te resististe un poco y pensaste que era algo insensible. Yo también me estremecí cuando lo leí, y eso que lo escribí yo. Pero esta reacción tan comprensible es exactamente la razón por la que dedicas tiempo y atención a las personas que realmente no merecen esa inversión. Hay una fina línea entre el triaje efectivo y ser un imbécil, y muchos de nosotros tememos tanto cruzar esa línea que ni siquiera nos aproximamos a ella.

Para hacer un triaje de manera efectiva, necesitas mejorar tu capacidad de gestionar estas preocupaciones y otras emociones relacionadas —y «gestionar» no significa «eliminar»—. Como el neurocientífico de la Universidad del Sur de California, Antonio Damasio, ha escrito —y como seguramente has experimentado en primera persona—, las emociones pueden afectar a la toma efectiva de decisiones al «crear un prejuicio primordial contra los hechos objetivos o incluso al interferir con los mecanismos de apoyo de la toma de decisiones, como la memoria de trabajo».

Y esto es exactamente lo que te sucede cuando la opción de ignorar —y que es la decisión que está en el corazón del triaje— provoca emociones que no logras entender por completo.

Cuando te enfrentas a demandas abrumadoras de tu tiempo, puedes sentirte ansioso, asustado, resentido o incluso enfadado, pero a menudo no eres lo suficientemente consciente ni te planteas tales emociones para usarlas de manera efectiva. Fluyen a través de ti por debajo del nivel de conciencia activa, guiando inexorablemente tu comportamiento, pero en muchos casos, y en particular cuando estás en situaciones estresantes, no reconoces su influencia y pierdes oportunidades para tomar las decisiones que mejor responden a tus necesidades.

Una mejor gestión de las emociones es una tarea compleja, pero seguir esta serie de pasos te puede servir de ayuda:

- **Cambia tu mentalidad.** Adapta tus modelos mentales para reflejar la importancia de las emociones y el papel que desempeñan en el pensamiento racional y en la toma de decisiones. Tus creencias moldean tu experiencia.

- **Cuídate más físicamente.** El ejercicio regular y las suficientes horas de sueño mejoran de forma claramente demostrable tu capacidad para percibir y regular tus emociones.

- **Participa en alguna práctica de *mindfulness*.** La meditación, la escritura de diarios y otras prácticas basadas en la reflexión mejoran tu capacidad para dirigir tus pensamientos, ayudándote a *sentir* las emociones de forma más clara, y te aportan una nueva perspectiva de tus experiencias, ayudándote a *dar sentido* a esas emociones.

- **Amplía tu vocabulario emocional.** Contar con una gama más amplia de palabras para describir lo que estás sintiendo no solo te ayuda a comunicarte mejor con los demás, sino que también te ayuda a comprenderte mejor a ti mismo.

El objetivo final es que te sientas más cómodo con tu incomodidad, que reconozcas las emociones difíciles generadas por la necesidad de practicar el triaje para que puedas emprender tu interminable lista de tareas por hacer, tu bandeja de entrada desbordada y la fila de gente que reclama tu atención, y que, con amabilidad pero con firmeza, puedas decir «no».

———————

**Ed Batista** es *coach* ejecutivo y profesor de la Escuela de negocios de la Universidad de Stanford. Es autor de *The Art of Self-Coaching* (Harvard Business Review Press, 2017) y colaborador de *HBR Guide to Coaching Your Employees*. Escribe habitualmente sobre temas relacionados con el *coaching* y el desarrollo profesional en edbatista.com. Síguelo en Twitter en @edbatista.

# CAPÍTULO 12

# Evitar que un compañero te haga perder el tiempo

**Dorie Clark**

Cuando alguien se comunica contigo, no pretende ser una carga; las personas no dejan mensajes en el contestador con el propósito expreso de distraerte de tu trabajo más importante. Y, sin embargo, con más frecuencia de la que uno querría, ese es el resultado. Recibes los mensajes de esas personas con temor, porque cada uno implica emplear más tiempo y nuevas obligaciones en las que te ves implicado.

---

Adaptado del contenido publicado en hbr.org el 28 de marzo de 2016.

Cuando algunas personas inundan tu bandeja de entrada o te hacen perder el tiempo, tampoco actúan por malicia. Quizá algunos de tus colegas estén menos ocupados, o sean menos eficientes que tú, y su insistencia en pasar por tu mesa para charlar o para bombardearte con información innecesaria sobre proyectos en los que estáis trabajando juntos puede afectar rápidamente tu productividad.

Si algunos compañeros te exigen demasiado tiempo sin que sea necesario, aquí tienes cuatro estrategias que puedes emplear para desviar con cortesía las solicitudes de los menos productivos.

## Aclara el tema de la solicitud

Un colega te envía una nota: «comamos el jueves, tenemos muchas cosas en las que ponernos al día». ¿Cómo responderás? Si sois amigos y te gustaría verle, fantástico. Pero antes de decir que «sí» —en especial, si crees que tiende a ocupar tu tiempo como si fuera un recurso inagotable— vale la pena averiguar qué quiere en realidad. Puedes suponer que desea hablar sobre el estado de un proyecto en el que estáis trabajando juntos. O, tal vez, que tenga intenciones puramente sociales o quiera pedirte consejo sobre un asunto que no tiene relación alguna con lo anterior. Podrías responderle: «Necesito confirmar algunos planes el jueves, te respondo lo antes posible. Solo para saberlo, ¿de qué quieres que hablemos?». Su respuesta te ayudará a que tomes una buena decisión sobre si realmente quieres dedicarle tu tiempo, en lugar de sentirte engañado después si has interpretado equivocadamente sus intenciones.

## No consideres las llamadas telefónicas como rutinarias

Si estás tratando de terminar un trabajo estratégico importante, incluso una llamada telefónica adicional (o, aun peor, una reunión) puede tener un efecto perjudicial. Por eso es importante cuestionar educadamente la suposición —muchos consideran una llamada como algo rutinario—. Cuando una clienta me contrató para dar una charla, me pidió que habláramos por teléfono para comentar la logística, a pesar de que ya habíamos resuelto por correo electrónico la mayoría de los detalles.

Lo que hice fue pedirle amablemente que cambiara de idea. Respondí para confirmar el compromiso y agregué: «Mi agenda telefónica en las próximas dos semanas está bastante apretada porque estoy en medio de entrevistas para mi próximo libro... Para poder responderte más rápidamente, ¿crees que podríamos hablar del tema logístico por correo electrónico? Por favor, dime qué te parece. Gracias». No cerré la puerta completamente a una llamada, si era realmente importante tenerla, pero la obligué a que se replanteara su solicitud. Ella respondió que sería mejor tratar el resto de la cuestión por correo electrónico, y eso nos ahorró al menos media hora, y tal vez más.

## Retrasar estratégicamente tus respuestas

Otra pérdida de tiempo segura es el intercambio de mensajes cortos. Algunas personas, si no tienen prioridades más importantes, quedan atrapadas en la descarga de dopamina de las cadenas de correo electrónico. A menos que el asunto sea realmente urgente, puede ser útil que respondas inmediatamente para limpiar tu bandeja de entrada, pero utiliza una herramienta como Boomerang para programar que se envíe en unas horas, o incluso días, más adelante, dependiendo del tema que se esté tratando. Esa demora a menudo enfría la emoción y permite a que en ese tiempo las personas se centren en otros asuntos.

## Hablar de ello

Tener una conversación con tu compañero sobre la forma en que trabajáis juntos puede ser incómodo pero, si su comportamiento persiste, te sentirás molesto, y tu frustración probablemente comenzará a manifestarse de formas inútiles, pasivo-agresivas. En lugar de eso, saca el tema directamente y asume la responsabilidad de tus preferencias; y recuerda, se trata de lo que te ayuda a trabajar mejor, en lugar de señalarle que hace algo incorrecto —tu definición de «productividad» puede no ser la de los demás—.

Podrías decir algo así como: «Frank, has sugerido que, algunas veces, tengamos reuniones presenciales de control, y quería preguntarte sobre eso. Mi tendencia suele ser minimizar las reuniones y tratar de hacer tanto como sea posible por correo electrónico, pero tal vez me puedas hablar un poco más sobre qué información quieres que compartamos. ¿Hay alguna manera de hacerlo que nos vaya bien a los dos?». Quizás te hable de la importancia de mantener una relación presencial, en cuyo caso puedes comprometerte a compartir actualizaciones por correo electrónico, pero asistiendo los dos juntos a las reuniones sociales de fin de mes, donde puedes socializar con varios compañeros a la vez. Piensa en cómo puedes respetar sus deseos sin simplemente ceder a esas preferencias de tu colega que te consumen demasiado tiempo.

A la hora de las promociones, de los aumentos de sueldo o del éxito de nuestras iniciativas empresariales, nunca se nos recompensa por la cantidad de correos electrónicos respondidos o por el número de llamadas telefónicas realizadas. Lo que importa es lo bien que realizamos las tareas más importantes, y eso no se puede hacer si constantemente estamos evitando a los colegas que no priorizan la gestión del tiempo para ellos mismos y, en consecuencia, para ti. Ahorrar una o dos horas a la semana para centrarnos en nuestros objetivos principales puede marcar una gran diferencia en nuestro éxito a largo plazo.

---

**Dorie Clark** se dedica al marketing estratégico y es conferenciante. Da clases en la Escuela de Negocios Fuqua de la Universidad de Duke. Es autora de *Reinventing You* (Harvard Business Review Press, 2013) y *Stand Out*, y de *Entrepreneurial You* (Harvard Business Review Press, 2017). Puedes saber más de su trabajo en www.dorieclark.com.

# CAPÍTULO 13

# Permítete trabajar menos horas

**Elizabeth Grace Saunders**

En 2007 decidí que ya era suficiente. Había estado dirigiendo mi propio negocio durante un par de años, y constantemente me sentía estresada. No había límites claros entre mi tiempo laboral y mi tiempo personal, y rara vez dejaba de trabajar sin sentirme culpable. Aunque disfrutaba de mi trabajo y me compensaba, el estrés constante del exceso de trabajo me impedía vivirlo como un verdadero éxito.

Ese año fue un punto de inflexión para mí. Hice algunos cambios en la forma de trabajar, y reduje mi jornada laboral semanal, de alrededor de 60 horas a 50 horas. En los siguientes años fui reduciendo gradualmente mis horas de

---

Adaptado del contenido publicado en hbr.org el 13 de julio de 2016.

trabajo, hasta llegar a las 40 horas semanales. Y, aunque trabajaba menos, mi facturación crecía.

A través de mi propia experiencia y de mi trabajo con mis clientes de *coaching* sobre la gestión del tiempo, he visto una fuerte correlación entre la mala gestión del tiempo, trabajar más horas y sentirse estresado. Se debe a la tensión que aparece cuando, intelectualmente, deseas trabajar menos horas pero, emocionalmente, simplemente no te parece apropiado. Te sientes como si ya fueras retrasado y que trabajar menos horas solo empeoraría la situación.

Puedes revisar la forma en que trabajas para reducir gradualmente tu jornada. Al principio no es fácil, y alcanzar tu meta puede llevarte algunos meses. Pero, administrando tu tiempo de manera distinta, puedes trabajar de manera más efectiva en menos tiempo, descubrir una pasión renovada por tu trabajo y mejorar tu salud; en especial, en términos de sueño y ejercicio, mejores relaciones y una tranquilidad general. Sigue estos pasos.

## ¿Cómo es el final de tu día de trabajo?

Empieza por evaluar cómo decides cuándo has de dejar de trabajar. Las personas, a menudo, lo dejan cuando se sienten demasiado cansadas para continuar o ven que sus compañeros se detienen. Pero estas señales no son útiles. Trabajar hasta el agotamiento significa que eres menos productivo y también puede significar que no tienes la energía suficiente para disfrutar de tu tiempo fuera del trabajo. Decidir tus horas en función de las de un colega es peligroso, porque estás poniendo tu tiempo en manos de otra persona —alguien que puede, o no, estar trabajando efectivamente—.

### Establece un objetivo semanal por hora

Establece como objetivo un intervalo de las horas que deseas trabajar en un período determinado —por ejemplo, entre 45 y 50 a la semana—, y usa ese número como punto de referencia para parar. Si elegir un intervalo semanal es demasiado para ti, comienza poco a poco, centrándote en un objetivo incremental, como dejarlo 15 minutos antes cada día. Ten claras las tareas que debes realizar de manera semanal y diaria dentro de este programa para sentirte cómodo cuando dejes de trabajar.

### Evalúate a ti mismo

Una vez que intentes alcanzar tu nuevo objetivo, observa cómo trabajas. Si planificas tu tiempo pero aún estás trabajando hasta altas horas de la noche o los fines de semana, identifica qué te impide trabajar el número de horas que has decidido. Tal vez pasas la mayor parte del día en reuniones o te interrumpen constantemente, por lo que el trabajo dedicado al proyecto solo puedes llevarlo a cabo cuando todos se van. O tal vez un proyecto no tiene suficiente personal y estás desempeñando varias funciones.

### Encuentra la causa

Identificar el problema te permitirá descubrir cómo solventarlo. Por ejemplo, si te enfrentas a reuniones interminables, controla el tiempo bloqueando períodos cortos durante la semana para realizar tareas concentradas. Para muchos directivos con los que he trabajado, esta sencilla estrategia es la diferencia entre trabajar la mayoría de las noches y terminar a tiempo. Si las interrupciones en persona provocan la mayor parte de los retrasos en tu trabajo, cierra la puerta de tu oficina durante unas horas establecidas del día, trabaja desde casa un día a la semana o —si tu compañía lo permite— varía ligeramente tus horarios, sobre los habituales, para no estar en la oficina durante las horas punta. Si las interrupciones son digitales, desconecta las aplicaciones de mensajería instantánea y desactiva las alertas del correo electrónico durante parte del día —o todo el día— para poder concentrarte en proyectos importantes en lugar de involucrarte en tareas urgentes.

Si esa sobrecarga se debe a la falta de personal en un proyecto, solicita más personas o recursos. Es posible que no haya suficientes fondos para contratar a más personas pero, si preguntas a tu alrededor, es posible que descubras que un colega dispone de un tiempo excesivo o que exista algún presupuesto para el personal temporal. Si eso no funciona, negocia extensiones de tus plazos, presenta algunos proyectos por ahora o delega algunos proyectos a otra persona.

### Sé transparente

Es posible que vivas algunos momentos incómodos cuando a alguien le sorprenda que hayas rechazado un proyecto o que hayas pedido prorrogar un plazo. Pero ser honesto con la gente acerca de lo que puedes, o no puedes, hacer en las horas que tienes disponibles te permite trabajar más efectivamente y disfrutar de tu trabajo durante el proceso.

### Organiza bien tu semana y tus días

Si todo esto falla y aún no dispones del tiempo suficiente, quizás debas volver a hacer una planificación de tu jornada. Distribuye tus proyectos más importantes. Establece prioridades temprano, por la mañana o durante la semana, para progresar en ellas antes del último minuto y terminar el trabajo a tiempo sin sentirte estresado. Por ejemplo, yo planeo acabar todos mis artículos más importantes para el jueves por la mañana; de modo que, si surge algún imprevisto —algo que suele suceder—, puedo terminarlos para el viernes a las 5 h de la tarde, como lo había planificado.

## Cuídate

Una vez que hayas puesto en marcha esas estrategias prácticas, tus emociones son el último elemento que debes abordar. Estás acostumbrado a trabajar más horas, por lo que aunque hayas completado tus tareas más importantes, inevitablemente pensarás en otras cosas que debes hacer. Puedes sentirte incómodo obligándote dejar de trabajar. Cuando decidí limitar mis horas, tenía el síndrome de abstinencia. Mis pensamientos volvían a lo que tenía que hacer a continuación, aunque sabía que era hora de acabar.

A pesar de esta ansiedad, me obligué a parar. Me comprometí a hacer alguna clase de ejercicio dirigida, a reunirme con amigos o a emprender un proyecto personal para saber que tenía que irme. Después de algunas semanas de hacerlo —y de descubrir que no había sucedido nada horrible—, mi resistencia emocional a trabajar menos horas se redujo. Además, esos compromisos personales hicieron que me diera cuenta de lo que me habría perdido si hubiera seguido trabajando más horas de las que me había marcado.

Con las estrategias y el compromiso adecuados, puedes reducir tus horas de trabajo y hacer tu trabajo sin estresarte.

———————————

**Elizabeth Grace Saunders** es autora de *How to Invest Your Time Like Money* (Harvard Business Review Press, 2015), es *coach* de gestión del tiempo y fundadora de Real Life E Time Coaching & Training. Más información en www.RealLifeE.com.

# CAPÍTULO 14

# Si regalas parte de tu tiempo, sentirás que ganas tiempo

**Cassie Mogilner**

*El descubrimiento:* Pasar tiempo ayudando a los demás hace que las personas sientan que disponen de *más* tiempo, no de menos.

*La investigación:* En una serie de estudios, Cassie Mogilner, de la Wharton School, encargó a algunos individuos que ayudaran a otra persona —por ejemplo, escribiendo una nota a un niño enfermo o corrigiendo el trabajo de un

Reproducido de *Harvard Business Review*, September 2012 (product #F1209D)

estudiante— y pidió a otro grupo de individuos que hiciera otra cosa. En un estudio, el otro grupo dedicó el tiempo a contar el número de letras «e» de un texto en latín, en un segundo estudio hicieron algo para ellos mismos, y en un tercero simplemente se fueron del laboratorio de la universidad temprano. En cada experimento, las personas que ayudaron a los demás sintieron que tenían más tiempo que las personas que no lo hicieron.

*El reto:* Cuando regalas parte de tu tiempo, ¿te sientes realmente como si tuvieras más? ¿Es ser más caritativo el secreto de la productividad? **Profesora Mogilner, defienda su investigación.**

Mogilner: Los resultados muestran que dedicar tu tiempo a los demás puede hacer que te sientas más «rico en tiempo» y menos limitado por él que si lo desperdicias, lo dedicas a ti o incluso si tienes un tiempo libre inesperado. En los primeros dos experimentos, mis colegas y yo vimos que las personas que escribían notas a niños enfermos o dedicaban un poco de tiempo los sábados por la mañana a ayudar a otra persona tenían más probabilidades de sentir que su futuro era «infinito», en comparación con otros sujetos de estudio. En el tercer experimento, las personas que ayudaron a corregir los trabajos de los estudiantes de secundaria tenían menos probabilidades de considerar el tiempo como algo escaso, y eran más propensas decir que en realidad les sobraba. También actuaron con esa sensación. Cuando les preguntamos a los sujetos que habían ayudado a los estudiantes cuánto tiempo podían dedicar a realizar encuestas en línea pagadas la semana siguiente, se comprometieron a un promedio de 38 minutos, nueve minutos más que las personas a las que simplemente se les había permitido irse temprano. La semana siguiente, las personas que corrigieron los trabajos también terminaron haciendo más que el otro grupo; en promedio, habían pasado siete minutos más completando encuestas.

### HBR: ¿Cómo explica esta paradoja?

Los coautores del estudio, Zoë Chance, de la Yale School of Management, y Michael Norton, de la Harvard Business School, hemos formulado algunas teorías. Pensamos que podría ser la conexión social, el significado o el disfrute asociado a ayudar a los demás lo que hizo que nuestros sujetos de estudio se sintieran más relajados respecto a su tiempo. Pero la explicación que surgió en nuestros resultados es que las personas que dan tiempo se sienten más capaces, confiadas y útiles. Sienten que han logrado algo y, por lo tanto, que pueden lograr más en el futuro. Y esta autoeficacia les hace sentir que el tiempo se dilata más.

**Para entenderlo bien, está diciendo que las personas sienten que disponen de más tiempo, cuando en realidad no lo tienen. De hecho, tienen menos, porque han regalado un poco. El día sigue teniendo solo 24 horas.**

Sí, objetivamente disponen de menos tiempo. Pero se sienten más efectivos, y eso aumenta su productividad. Es cierto que, si dedicas tanto tiempo a otros como para no poder completar otras tareas, entonces no va a funcionar. Pero nuestra investigación indica que, incluso si se le da una pequeña cantidad de tiempo a otra persona, deberías sentir que puedes hacer más durante el tiempo que tienes. En nuestro experimento de los sábados, pedimos a algunas personas que dedicaran 10 minutos a ayudar a otros, y a otras personas que dedicaran 30 minutos; y descubrimos que la duración no influía en lo bien que se sentían sobre el futuro en comparación con las personas que habían dedicado 10 o 30 minutos a sí mismos. Eso coincide con la investigación sobre los beneficios del dinero, que muestra que importa más en qué lo gastas que la cantidad que gastas.

**Si esas personas que regalaron su tiempo se pusieran simplemente a trabajar y terminaran sus tareas, ¿no se sentirían tan efectivas?**

Quizás. Pero todos procrastinamos y todos necesitamos descansos, sobre todo cuando estamos estresados. Si utilizas un descanso para mimarte o para hacer algo sin sentido, como ver la televisión, puedes disfrutarlo, pero absorbe tu tiempo tanto perceptualmente como objetivamente. No te hará sentir menos presionado. Es mejor elegir una actividad, como ayudar a los demás, que te haga sentir que tu día puede ser más productivo.

**¿Hacer esta entrevista en lugar de un colega holgazán, también cuenta?**

Por supuesto. Cualquier cosa que implique pasar tiempo por el bien de otro funciona. Podría ser para alguien que conoces o para un extraño; ser voluntario en un comedor de beneficencia o cocinarle a tu pareja su cena favorita.

**¿Hay alguna otra técnica que los lectores puedan intentar aplicar para sentirse menos oprimidos por el tiempo?**

Sí, la investigación muestra que pensar en el momento presente en lugar de en el futuro puede hacer que te sientas menos apresurado o agobiado, porque el tiempo percibido se ralentiza. Incluso solo respirar más profundamente también puede funcionar. En un estudio, los sujetos a los que se les indicó que respiraran larga y lentamente durante cinco minutos percibieron que su día era más largo y sintieron que contaban con más tiempo disponible para hacer las cosas que aquellos a quienes se les dijo que hicieran inspiraciones cortas y rápidas.

---

**Cassie Mogilner** es profesora asociada de marketing en la Escuela de Negocios Anderson de la Universidad de California-Los Ángeles (UCLA). Se dedica a estudiar la felicidad, con acento en el papel del tiempo, y enseña Publicidad y gestión estratégica de marca a licenciados en Dirección y administración de empresas (MBA), tarea por la que ha sido distinguida con un Excellence Teaching Award por la UCLA. Sus investigaciones se han publicado en *Psychological Science*, *Journal of Consumer Research* y en *Social Psychology and Personality Science*.

# Encuentra tu centro de atención

Cuando tenemos demasiadas cosas que hacer, es fácil sucumbir a las distracciones; en especial, cuando las tareas en perspectiva se nos antojan pesadas, no tienen sentido o implican trabajar con un compañero difícil. Basta una notificación electrónica o alguien que pase por tu oficina para que hagas algo, cualquier otra cosa, menos la tarea que tenías que hacer.

Pero la buena noticia es que puedes encontrar tu centro de atención y concentrarte en el trabajo que tienes que hacer, incluso cuando es desagradable. Esta sección de la guía ofrece consejos y trucos para que te mantengas centrado en el momento y fortalezcas el músculo de tu concentración a lo largo del tiempo.

# CAPÍTULO 15

# Cinco formas de reducir las distracciones en la oficina

**Joseph Grenny**

Malas noticias para quienes se autoproclaman multitareas: las investigaciones continúan desacreditando el mito de quienes pueden realizar productivamente más de una tarea a la vez. El cerebro humano no está diseñado para funcionar así. Intentar dividir tu concentración aumenta el estrés y reduce el rendimiento.

---

Adaptado del contenido publicado en hbr.org el 17 de diciembre de 2015.

Sin embargo, por desgracia la mayoría de los lugares de trabajo no favorecen la concentración. Están llenos de interrupciones urgentes y llamativas que reducen nuestra capacidad de prestar atención de la forma necesaria para rendir resultados de alta calidad y un compromiso placentero. La evidencia de la fragilidad de nuestra atención continúa creciendo. Un teléfono que suena daña la productividad, pero incluso una pequeña vibración puede representar un importante impuesto cognitivo. Y, por si eso no fuera suficiente, otros estudios demuestran que la presencia de un teléfono debilita nuestra concentración, además de las conexiones interpersonales.

Las interrupciones persistentes se vuelven especialmente insidiosas cuando no somos conscientes del poderoso papel que nuestro entorno tiene en la configuración de nuestros pensamientos, estados de ánimo y elecciones. Yo llamo a esto *ser ambientalmente inconsciente*. Piensa en la última vez que estabas leyendo un libro durante un vuelo. Cuando se puso el sol y la cabina se oscureció, comenzaste a esforzarte para ver las palabras en la página. El cambio gradual de tu entorno ocurrió fuera de tu conciencia, sin provocar el efecto obvio: encender la luz del techo.

Las interrupciones en las oficinas modernas parecen igualmente subliminales. Por ejemplo, las alertas de correo electrónico provocan sentimientos de ansiedad y curiosidad. Para aliviarlos, muchas personas se desvinculan de una tarea más importante para poder revisar su bandeja de entrada o su teléfono. Aunque no les gusten estas interrupciones, pocos se paran a pensar que pueden controlarlas silenciando el teléfono; o, mejor aún, silenciando el teléfono y guardándolo en un bolso o un cajón, fuera de la vista.

Hacer rechinar los dientes e intentar ignorar las molestas interrupciones no funciona. En este caso hay cinco maneras de tomar el control de tu entorno para que deje de controlarte.

## Monitoriza tus emociones

Prueba este pequeño experimento: las siguientes diez veces que te permitas ser interrumpido, para y pregúntate: «¿Qué estaba sintiendo inmediatamente antes de cambiar de tarea?». La mayoría de nuestras interrupciones son respuestas adictivas: tácticas aprendidas para evitar emociones incómodas.

En un pequeño experimento, pedí a los estudiantes universitarios que registraran sus interrupciones, y descubrí que más del 90% de los cambios de tareas eran una respuesta a sentimientos de ansiedad, aburrimiento o soledad. Tomar más conciencia de los motivos subyacentes a tu respuesta a las interrupciones interesantes te ayudará a desarrollar estrategias más sanas para manejar tus sentimientos y resistirte a ese correo electrónico o a esa alerta telefónica.

## Vence las batallas fáciles

La ansiedad inconsciente sobre las tareas incompletas también puede hacerte vulnerable a las distracciones. En lugar de dejar que la preocupación tome el control, ayúdate a ti mismo simplemente eliminando de tu lista algunas tareas de alta ansiedad pero de baja complejidad. Cualquier tarea sin hacer de tu lista de cosas pendientes atrae su atención. Y lo interesante es que, como señala David Allen en su libro *Getting things done*, las tareas de baja complejidad gastan desproporcionadamente esa reserva finita de atención.

Por ejemplo, «encontrar una cura para el cáncer» atrae más tu atención que «fijar una cita para almorzar con el jefe». Sin embargo, esta última tarea tiende a gastar más atención de la que merece. Por lo tanto, libera energía mental simplemente acabando cualquier tarea que tardes menos de dos minutos en completar antes de centrarte en la cura para el cáncer.

## Soledad estructurada

Saca tiempo y espacio para concentrarte. Descubre cuáles son tus momentos más productivos del día, luego programa bloques de tiempo para concentrarte en tareas complejas. Y no solo programes el tiempo: crea un ritual para construir un espacio tranquilo. Apaga teléfonos, alertas e incluso acceso a internet, si puedes. Concédete un oasis temporal y espacial, y luego disfruta del espacio. Al principio, puedes sentir signos de abstinencia (véase «Monitoriza tus emociones»), pero aguanta.

## Desarrolla tu músculo de la atención

La atención es un músculo y, cuando las interrupciones resultan atractivas, es una evidencia de que está atrofiado o poco desarrollado. Pero, cuanto más desarrolles el músculo, más tiempo podrás concentrarte en una tarea. Carl Sandburg relata una historia oportuna en su libro *Abraham Lincoln*. Un observador vio a Lincoln sentado en un tronco, perdido en sus pensamientos mientras daba vueltas a un tema especialmente irritante. Horas más tarde, el observador pasó otra vez junto a él, que seguía en la misma posición. De repente, una luz iluminó su rostro y regresó a su oficina. Lincoln tenía la capacidad de sentarse con un problema el tiempo suficiente como para que le entregara sus secretos. Sé paciente a medida que tu músculo crece. Calcula cuánto tiempo puedes concentrarte. Permítete aumentar gradualmente tus sesiones de soledad estructurada para que coincidan con tu capacidad.

También puedes desarrollar el músculo utilizando parte de tu tiempo de conducción y de desplazamiento al trabajo para simplemente quedarte quieto y permitir que tu mente clasifique y te presente ideas. Apaga todos los aparatos y deja que tu mente se relaje y siga su propia agenda durante un período determinado. Prueba cinco minutos si te resulta difícil, luego aumenta el tiempo a medida que descubras el valor creativo y terapéutico del silencio.

### Saca el problema a pasear

Si el ambiente de la oficina hace que sea difícil evitar las interrupciones, prepara un plan de paseos. Llévate un problema interesante e importante contigo cuando salgas a pasear. Mover tu cuerpo puede complementar la actividad mental. Y será menos probable que encuentres interrupciones mientras estás en movimiento.

No puedes tomar una decisión si las interrupciones de nuestro mundo te están influenciando. En esta situación, tienes dos opciones: tomar el control de estas distracciones o dejar que te controlen. Si permites que esto último suceda, las interrupciones debilitarán tu rendimiento, aumentarán tu estrés y afectarán tu capacidad de prestar atención.

Pero no tiene por qué ser así. Cuando tomes el control de las cosas que te controlan, obtendrás los beneficios de nuestro mundo, siempre en línea, sin tantos costes.

---

**Joseph Grenny** es autor de cuatro libros superventas del *New York Times*, es conferenciante y un destacado científico social especializado en rendimiento empresarial. Su trabajo se ha traducido a 28 idiomas, está disponible en 36 países y ha proporcionado resultados a 300 de las *Fortune 500*. Es cofundador de VitalSmarts, una empresa innovadora en formación corporativa y desarrollo de liderazgo.

# CAPÍTULO 16

# Entrena a tu cerebro para concentrarte

**Dr. Paul Hammerness
y Margaret Moore**

La próxima vez que estés en una reunión, echa un vistazo. Es muy probable que veas a tus colegas mirando sus pantallas, leyendo mensajes de texto y correos electrónicos mientras alguien está hablando o haciendo una presentación. Muchos de nosotros estamos orgullosos de nuestras destrezas en la multitarea, y creemos equivocadamente que eso es algo positivo.

La multitarea puede ayudarnos a tachar más cosas en nuestras listas de tareas pendientes. Pero también nos

Adaptado del contenido publicado en hbr.org el 18 de enero de 2012.

hace más propensos a cometer errores, nos exponemos a mayores probabilidades de perder información y señales importantes, y tenemos menos probabilidades de retener información en nuestros recuerdos de trabajo; algo que afecta a la resolución de problemas y a la creatividad.

Durante la última década, los avances en el campo de la neuroimagen han permitido ir descubriendo cada vez más cómo funciona el cerebro. Los estudios de adultos con trastorno por déficit de atención e hiperactividad (TDAH) que utilizan las últimas pruebas cognitivas y de neuroimagen nos muestran cómo se concentra el cerebro, qué es lo que afecta a la concentración y con qué facilidad se distrae (véase el trabajo de Makris, Biederman, Monuteaux y Seidman). Esta investigación llega en un momento en que los déficits de atención se han extendido mucho más allá de quienes tienen un diagnóstico de TDAH. Ahora también nos afectan al resto de personas, que trabajamos en un mundo siempre activo. La buena noticia es que el cerebro puede aprender a ignorar las distracciones; lo que te hace ser más concentrado, creativo y productivo.

Veamos tres formas prácticas para comenzar a mejorar tu concentración.

## Domina tu sobreexcitación

La sobreexcitación es un estado emocional, una sensación de estar un poco —o mucho— fuera de control. A menudo se sustenta en sentimientos de agobio, ansiedad, enfado y emociones parecidas. Las emociones se procesan en la amígdala, una pequeña estructura cerebral en forma de almendra que responde poderosamente a las emociones negativas, puesto que se consideran señales de amenaza.

Las imágenes cerebrales funcionales han mostrado que la activación de la amígdala por emociones negativas afecta a la capacidad del cerebro para resolver problemas o realizar otro trabajo cognitivo. Las emociones y los pensamientos positivos hacen lo contrario: mejoran la función ejecutiva del cerebro y, por tanto, ayudan a abrir la puerta al pensamiento creativo y estratégico.

## Qué puedes hacer

Intenta mejorar tu equilibrio de emociones positivas y negativas en el transcurso de un día. Barbara Fredrickson, una destacada investigadora de psicología de la Universidad de Carolina del Norte en Chapel Hill, recomienda un equilibrio 3:1 de emociones positivas y negativas, una proporción que se ha confirmado mediante la investigación sobre individuos prósperos y matrimonios exitosos. (Calcula tu «índice de positividad» en www.positivityratio.com, en inglés). Puedes dominar las perturbaciones emocionales negativas haciendo ejercicio, meditando y durmiendo bien. También es útil que percibas y pongas nombre a tus patrones emocionales negativos. Tal vez un compañero de trabajo te molesta a menudo con algún pequeño hábito o rareza, y eso desencadena una espiral descendente. Darse cuenta de que estas respuestas automáticas pueden ser exageradas y hacer algunas respiraciones para percibir y nombrar esa irritación ayudará al cerebro a soltar la emoción.

## Qué puede hacer tu equipo

Comienza las reuniones hablando de temas positivos y con un poco de humor. Las emociones positivas que eso genera pueden mejorar la función cerebral de todos; algo que permite que el trabajo en equipo y la resolución de problemas sean mejores.

## Pisa el freno

Tu cerebro escanea de forma continua tu entorno interno y externo, incluso cuando está centrado en una tarea concreta. Las distracciones siempre están al acecho: pensamientos, emociones, sonidos o interrupciones caprichosos. Por suerte, el cerebro está diseñado para evitar al instante que un pensamiento aleatorio, una acción innecesaria e incluso una emoción instintiva te hagan descarrilar y desviarte del camino.

### Qué puedes hacer

Para evitar que las distracciones se apropien de tu concentración, utiliza el método ABC como pedal de freno de tu cerebro. *Sé consciente* de tus opciones: puedes detener lo que estás haciendo y ocuparte de la distracción, o puedes dejar que desaparezca. *Respira* profundamente y valora tus opciones. Luego *elige* cuidadosamente: ¿Parar o seguir?

### Qué puede hacer tu equipo

Intenta organizar reuniones de una hora sin distracciones. Se espera que todos los asistentes contribuyan con aportaciones reflexivas y creativas, escuchando a los compañeros y evitando distracciones —como divagar, usar computadoras portátiles, tabletas, móviles y otros dispositivos—.

## Redirigir la concentración

Aunque es genial estar concentrado, a veces necesitas dirigir tu atención hacia un nuevo problema. Redirigir la concentración quiere decir dirigir todo tu centro de atención hacia una nueva tarea sin renunciar a nada de la anterior. A veces, es útil hacer esto para darle un descanso al cerebro y permitirle que asuma una nueva actividad.

## Qué puedes hacer

Antes de dirigir tu atención hacia una nueva tarea, redirige tu concentración de tu mente a tu cuerpo. Sal a caminar, sube escaleras, respira profundamente o estírate. Aunque no lo sepas, cuando haces esto tu cerebro continúa trabajando en tus tareas recientes. A veces, durante esos descansos físicos aparecen nuevas ideas.

## Qué puede hacer tu equipo

Programa un descanso de cinco minutos por cada hora de reunión y anima a todos a que realicen alguna acción física, en lugar de quedarse en su mesa para revisar el correo electrónico. Al restaurar la función ejecutiva del cerebro, estos descansos pueden llevar a más y mejores ideas cuando la reunión se reanude.

Organizar tu mente y las mentes de los miembros de tu equipo dará como resultado una recompensa positiva. Partir de una «concentración de alta calidad» es un excelente principio.

———————————

El doctor en medicina **Paul Hammerness, MD,** y **Margaret Moore** son autores de *Organize Your Life, Organize Your Mind.* Hammerness es profesor asistente de psiquiatría en la Facultad de Medicina de la Universidad de Harvard. Moore es fundadora y CEO de Wellcoaches Corporation,

codirectora del Instituto de Coaching del McLean Hospi-
tal, y enseña la asignatura La ciencia de la psicología del
*coaching* en la Harvard Extension School.

# CAPÍTULO 17

# Dos cosas que anulan tu capacidad para concentrarte

**William Treseder**

A menudo me despertaba, buscaba a tientas mi teléfono e inmediatamente me perdía en una corriente de notificaciones inútiles. Esta neblina digital continuaba durante todo el día, impidiéndome realizar tareas importantes. Era un líder distraído, ansioso e ineficaz. Sabía que tenía que cambiar, pero no podía liberarme de los comportamientos que me mantenían atrapado en el mismo ciclo.

---

Adaptado del contenido publicado en hbr.org el 3 de agosto de 2016.

Eso no me ha ocurrido solo a mí. Muchos tropezamos cada día en la misma piedra. Dos grandes retos están acabando con nuestra capacidad de concentración.

Primero, nos vemos cada vez más abrumados por las distracciones que nos llegan desde distintos dispositivos conectados. El uso de teléfonos inteligentes y tabletas está aumentando, y ahora usamos medios digitales en un promedio de más de 12 horas por día. Ese estado de hiperconexión no nos permite procesar, recargarnos ni reenfocarnos.

En segundo lugar, confiamos en exceso en las reuniones como la forma predeterminada de interacción con otras personas en el trabajo. Los estudios indican que pasamos entre el 35% y el 55% de nuestro tiempo, en reuniones, y a veces mucho más. Si queremos mantenernos concentrados en actividades realmente importantes, algo tiene que cambiar.

Tú y tu empresa obtendréis enormes beneficios si puedes resolver estos problemas. Te divertirás más y lograrás más. Los datos hacen eco de lo que nos dice nuestro sentido común: necesitamos reservar un tiempo para nosotros mismos si queremos permanecer concentrados y ser eficaces en el trabajo. Estas cinco prácticas diarias servirán de ayuda.

*Practica mindfulness.* El mayor error que cometemos la mayoría de nosotros es la forma en que comenzamos el día. ¿Haces como yo e inmediatamente después de despertarte empiezas a revisar el correo electrónico en tu teléfono? Mala idea, según la psicóloga de Stanford Emma Seppälä, autora de *The Happiness Track*. Como dijo en una entrevista por correo electrónico: «Al comprometernos de forma constante con nuestra respuesta al estrés [cuando revisamos nuestros teléfonos], irónicamente estamos perjudicando nuestras capacidades cognitivas, como la memoria y la atención, que necesitamos tan desesperadamente».

Entonces, ¿qué deberíamos hacer? Prueba con una práctica de *mindfulness* sencilla cuando te despiertes, que puede ser cualquier cosa, desde hacer en silencio algunas respiraciones profundas hasta meditar durante 20 o 30 minutos. La doctora Seppälä explica por qué esto es tan importante: «La meditación es una forma de entrenar a tu sistema nervioso para calmarse a pesar del estrés de nuestra vida cotidiana. Cuando está más tranquilo, eres más inteligente emocionalmente y tomas mejores decisiones».

*Organiza tus tareas.* Otro error frecuente es dejar que otras personas llenen tu calendario, sobre todo por la mañana. Tienes que planificar tu día con el fin de dejar el tiempo suficiente para llevar a cabo tareas creativas y complejas. Como el empresario, inversionista y cofundador de Y Combinator, Paul Graham, describió en *Maker's Schedule, Manager's Schedule,* su ahora famosa entrada en su web de 2009: «Una sola reunión puede ser pésima para un día entero si se divide en dos partes, cada una demasiado corta para hacer cualquier cosa difícil». Las tareas creativas necesitan que se les dedique un tiempo cuando estás fresco, no algunos minutos de desatención entre reuniones. A todos nos gusta pensar que podemos hacer varias cosas de manera eficaz, pero la investigación muestra de manera concluyente que se nos da muy mal.

En lugar de luchar para conseguir lo importante, aprovecha los ritmos naturales de tu cuerpo. Concéntrate en las tareas complejas y creativas por la mañana, esas que debes lograr de forma individual o con dos o tres personas más. Planea las restantes reuniones para la tarde. Estas otras reuniones más sencillas y centradas en la ejecución y con grupos más grandes son más fáciles de manejar.

*Limpia.* ¿Está tu escritorio hecho un desastre? ¿Y el escritorio de tu computadora? ¿La pantalla de inicio de tu móvil? Puede que lo anterior parezca insignificante dentro del panorama general de cosas, pero tu entorno afecta a tu productividad y a tu calidad de trabajo de formas que estamos empezando a comprender.

Mantener un ambiente de trabajo limpio, tanto físico como digital, es esencial para tu capacidad de mantenerte concentrado. En el trabajo, guarda todo en un cajón. Crea carpetas en tu escritorio para deshacerte de todos los archivos aleatorios y conserva solo entre ocho y doce aplicaciones importantes en tu pantalla de inicio. Desactiva todas las notificaciones innecesarias. No dejes que el desorden te distraiga: te mantendrás concentrado mucho más tiempo.

*Reduce las reuniones.* ¿Cuántas personas hubo en tu última reunión? Más importante aún: ¿cuántos de ellos participaron realmente en la creación o el cumplimiento de los resultados de la misma? Esta pregunta puede parecer una forma extraña de mantenerse concentrado, pero innumerables estudios han demostrado los beneficios que aportan los equipos más pequeños. El enfoque y la responsabilidad son más difíciles si hay demasiada gente; algunos acaban mirando en silencio sus portátiles durante toda la reunión.

Para mantenerte tu centro de atención, empieza por tu equipo. Limita el número de personas de una reunión a ocho o menos, excepto si la reunión es puramente informativa. Asegúrate de que cada reunión tenga como resultado elementos de acción, un cronograma para cada elemento de acción y una persona responsable de garantizar que se realice. Esto último es una poderosa técnica que Apple utiliza para administrar eficazmente su amplia fuerza de trabajo.

**Resérvate espacios de tiempo entre reuniones.** Una de las razones por las que muchas personas tienen dificultades para mantenerse concentradas es la falta de límites. No puedes mantener un buen rendimiento si corres de una reunión a otra. Cambiar de tareas y de contextos es difícil para el cerebro humano en cualquier momento, y esa capacidad se va deteriorando a lo largo del día. Para los ejecutivos ocupados, esto significa que desperdician hasta el setenta por ciento de su tiempo en el trabajo.

Si deseas evitar perder tiempo y agotarte, reserva un tiempo entre reuniones. Por cada 45-60 minutos que pases reunido, asegúrate de tomarte 15 minutos o más para procesar la información, reflexionar y establecer prioridades. Esto impedirá que desperdicies el tiempo. También evitará la sensación de agotamiento que muchos de nosotros tenemos al final de cada día. Y debería ser una recomendación fácil para tus colegas: si también adoptan esta táctica de programación disfrutarán de sus ventajas.

Mantenerse concentrado en el trabajo no es fácil, pero es posible. Estas cinco técnicas prácticas te ayudarán a mantener tu atención centrada en la tarea que estés realizando, a lograr lo importante y a disfrutar más durante el día.

---

**William Treseder** es socio fundador de BMNT, una consultora de resolución de problemas en Silicon Valley. Le encanta encontrar maneras creativas de mejorar las conductas cotidianas que definen nuestras vidas. Sigue los consejos de William en LinkedIn.

# CAPÍTULO 18

# Ante las distracciones, necesitamos fuerza de voluntad

**John Coleman**

Reunir nuestra fuerza de voluntad consiste en corregir nuestros malos hábitos. Es la disciplina mental la que nos permite cultivar buenos hábitos, tomar mejores decisiones y controlar nuestros propios comportamientos —todo, desde seguir una dieta eficazmente hasta gestionar problemas difíciles en el trabajo—. Es una cualidad que probablemente distingue a los empresarios más productivos de los menos productivos. Y es un rasgo del que muchos

---

Adaptado del contenido publicado en hbr.org el 22 de febrero de 2012.

de nosotros carecemos. Las encuestas realizadas a más de un millón de personas muestran que el autocontrol es el rasgo de carácter que los hombres y las mujeres modernos reconocen menos en sí mismos.

Pero la fuerza de voluntad es una cualidad esencial para la efectividad personal en el trabajo, forzándote a priorizar los elementos más importantes de tu lista de tareas, a atravesar un día interminable de decisiones difíciles o simplemente a resistir la tentación de comer esa bolsa extra de patatas de la máquina de la oficina. ¿Quieres hacer crecer tu negocio u obtener esa promoción en el trabajo? Cultivar tu fuerza de voluntad puede ser el camino más rápido hacia el éxito.

Para luchar contra la disminución de la fuerza de voluntad, considera algunas de las siguientes ideas, basadas en parte en las recomendaciones de John Tierney y Roy Baumeister, coautores de *Willpower*:

- **Empieza por prácticas pequeñas.** ¿Sabías que al recordarte a ti mismo que debes sentarte con la espalda recta en tu escritorio, puedes entrenar el mismo músculo mental que necesitas para dejar de fumar o para perder peso de forma permanente? La investigación de Roy Baumeister y su equipo, publicada en el *Journal of Personality*, muestra que incluso recordarse a uno mismo mantener una buena postura de forma regular puede mejorar gradualmente la propia capacidad de autorregularse, y mantener habitualmente una rutina de ejercicios puede mejorar el autocontrol. Practica pequeños ejercicios de autocontrol, y tu fuerza de voluntad general mejorará.

- **Asume tus mayores retos de uno en uno.** ¿Qué tan larga era tu lista de propósitos para este nuevo año? ¿Cuántos puntos has acabado ignorando? Si quieres sacudirte de encima un hábito particularmente difícil —o construir uno bueno—, solo debes concentrarte en un cambio importante a la vez. Empieza, por ejemplo, con tu propósito de entrar en Facebook o Twitter solo dos veces al día; luego, una vez que te hayas liberado de ese hábito, sigue con tu nueva dieta y con tu plan de ejercicios. En el corto plazo, la cantidad de fuerza de voluntad que tienes es invariable, y sobrecargarte con nuevas tareas a las que debas aplicarla puede reducir tu capacidad de lograr cualquier objetivo.

- **Monitoriza, monitoriza, monitoriza.** ¿Quieres mejorar tu marca corriendo un kilómetro? Controla el tiempo de cada carrera. ¿Quieres escribir la próxima gran novela estadounidense? Publica todos los días en Facebook el número de palabras que has escrito para que todos tus amigos lo vean. Cuanto más supervises algo —y le pidas a otros que te ayuden a controlarlo—, más probabilidades tienes de concentrarte en esa tarea. Los sitios como QuantiFed Self ofrecen una serie cada vez más diversa de formas de autocontrol, al igual que sitios como Mint.com ofrecen oportunidades concretas para autocontrolarse. Si estás distraído con las redes sociales en el trabajo, mantén un registro de todas las veces que visitas esos sitios y oblígate a ir poniéndote pequeñas metas para reducir el número de veces que las visitas cada día.

- **Encuentra tiempo para cargar las pilas.** En el corto plazo, solo tienes una determinada cantidad de fuerza de voluntad, y una vez que se ha agotado, tu capacidad de ejercer el autocontrol o de tomar decisiones sensatas disminuye de forma drástica. Por ejemplo, si estás en un trabajo estresante, tu capacidad para tomar decisiones es peor por la tarde que por la mañana. Sin embargo, encontrar tiempo de inactividad e incluso comer —reponer la glucosa de tu cuerpo— puede ayudarte a aumentar tu fuerza de voluntad antes de tomar decisiones o tareas difíciles. Saltarse la comida o trabajar durante el tiempo reservado para comer, en realidad, puede tener un impacto negativo tanto en tu capacidad para tomar decisiones como en tu capacidad para trabajar productivamente por la tarde.

- **Mantén limpio tu entorno.** Una forma sencilla de mejorar tu fuerza de voluntad es realizar tu actividad en un entorno ordenado. Tierney y Baumeister señalan que las señales ambientales como escritorios desordenados o camas sin hacer pueden «infectar» el resto de tu vida y tus hábitos con desorden, mientras que mantener un entorno ordenado y limpio puede ayudarte a mantener el orden y el autocontrol en las otras tareas que tengas por delante. Si tu oficina o tu lugar de trabajo es un desastre, haz que el ordenarlo sea tu primera prioridad del día, y descubrirás que tu concentración y tu productividad en el trabajo mejoran.

En la era moderna, hay que trabajar con sudor la fuerza de voluntad. Nuestras vidas, llenas de distracciones, lo hacen difícil de forma natural. Estos son solo algunos consejos para construir y mantener la fuerza de voluntad, pero comenzar aquí puede ayudarte a construir una disciplina personal importante.

---

**John Coleman** es coautor del libro *Passion & Purpose: Stories from the Best and Brightest Young Business Leaders* (Harvard Business Review Press, 2011). Síguelo en Twitter: @johnwcoleman.

# CAPÍTULO 19

# Cómo practicar mindfulness durante tu jornada laboral

**Rasmus Hougaard y Jacqueline Carter**

Muchos de nosotros funcionamos con el piloto automático. De hecho, las investigaciones muestran que las personas pasamos un 47% de nuestras horas en vigilia pensando en algo distinto a lo que estamos haciendo.

Súmale a eso que hemos entrado en lo que muchos han dado en llamar «economía de la atención». En la economía de la atención, la capacidad de mantener la concentración y el centro de atención es tan importante como las

Adaptado del contenido publicado en hbr.org el 4 de marzo de 2016.

habilidades técnicas o directivas. Y, puesto que para tomar buenas decisiones los líderes necesitan absorber y sintetizar un flujo de información que no para de aumentar, esta tendencia emergente les afecta especialmente.

Sin embargo, puedes entrenar a tu cerebro para que se concentre mejor realizando ejercicios de *mindfulness* a lo largo del día. Aquí tienes algunas pautas que te ayudarán a convertirte en un líder más centrado y consciente, a partir de nuestra experiencia con miles de líderes en más de 250 organizaciones:

**Despiértate bien.** Los investigadores han observado que liberamos la mayoría de las hormonas del estrés minutos después de despertarnos. ¿Por qué? Porque pensar en el día que tenemos por delante activa nuestra respuesta de huida o lucha y libera cortisol a nuestra sangre. En su lugar, intenta lo siguiente: cuando te despiertes, pasa dos minutos en la cama simplemente fijándote en tu respiración. A medida que los pensamientos sobre el día aparezcan en tu mente, deja que se vayan y vuelve a tu respiración.

**Haz una pausa antes de comenzar tu jornada laboral.** Cuando llegues a la oficina, reserva diez minutos en tu mesa o en tu coche para estimular a tu cerebro con una breve práctica de *mindfulness* antes de sumergirte en la actividad. Cierra los ojos, relájate y siéntate con la espalda recta. Pon tu atención en la respiración. Sencillamente, mantén un flujo continuo de atención en la experiencia de respirar: inhala, exhala; inhala, exhala. Para ayudarte a concentrarte en la respiración, cuenta en silencio cada exhalación. Cada vez que te des cuenta de que tu mente está distraída, simplemente libérate de la distracción devolviendo la concentración a tu respiración. Lo más importante de todo es que disfrutes esos minutos. Durante el resto del día habrá otras personas y urgencias que demandarán tu atención. Pero, durante esos diez minutos, tu atención es completamente tuya.

Una vez que acabes esta práctica y que te prepares para comenzar a trabajar, el *mindfulness* puede ayudarte a aumentar tu eficacia. Dos habilidades definen a una mente consciente: *concentración* y *conciencia*. Más explícitamente, la concentración es la capacidad de fijar tu atención en lo que estás haciendo en cada momento, mientras que la conciencia es la capacidad de reconocer y liberar distracciones innecesarias a medida que surjan. Date cuenta de que la atención plena no es solo una práctica sedentaria; se trata de desarrollar una mente clara y nítida. Y la atención plena en acción es una gran alternativa a la práctica ilusoria de la multitarea. El trabajo consciente significa aplicar la concentración y la conciencia a todo lo que haces desde el momento en que entras en la oficina. Concéntrate en la tarea actual y reconoce y libera las distracciones internas y externas a medida que aparezcan. De esta forma, la atención plena ayuda a aumentar la eficacia, a reducir los errores e incluso a mejorar la creatividad.

A medida que avanza el día y que tu cerebro comienza a fatigarse, el *mindfulness* puede ayudarte a mantenerte alerta y a evitar tomar malas decisiones. Después de la hora de la comida, pon el temporizador de tu teléfono para que suene cada hora. Cuando suene, detén tu actividad y practica un minuto de *mindfulness*. Estos descansos conscientes de tu actividad te ayudarán a caer en el modo de piloto automático y a evitar la adicción a la acción.

Por último, cuando el día llegue a su fin y comiences tu viaje de regreso a casa, practica el *mindfulness*. Durante al menos diez minutos de viaje, desconecta el teléfono, apaga la radio y limítate a ser tú mismo. Deja que cualquier pensamiento que surja desaparezca. Presta atención a tu respiración. Hacerlo te permitirá liberarte del estrés del día para que puedas regresar a tu hogar y estar completamente presente con tu familia.

La atención plena no consiste en vivir la vida a cámara lenta. Consiste en mejorar la concentración y la conciencia, tanto en el trabajo como en la vida. Consiste en eliminar las distracciones y en mantener el rumbo con objetivos individuales y organizacionales. Toma el control de tu propia atención: prueba estos consejos durante 14 días y verás lo que pueden hacer por ti.

---

**Rasmus Hougaard** es fundador y director general de *The Potential Project*, un proveedor global líder que proporciona soluciones de *mindfulness* en las compañías. Su actividad se extiende a veinte países. **Jacqueline Carter** es socia de *The Potential Project* y ha trabajado con líderes de todo el mundo, incluidos ejecutivos de Sony, American Express, RBC y KPMG. Son coautores del libro *Un segundo de ventaja: mindfulness para organizaciones: saca lo mejor de ti y de tu equipo.*

# CAPÍTULO 20

# Las pausas para el café no potencian la productividad en absoluto

**Charlotte Fritz**

*El descubrimiento:* Tomarse descansos cortos durante la jornada laboral no te revitaliza, a menos que hagas algo positivo relacionado con el trabajo, como animar a un colega o aprender algo nuevo.

*La investigación:* Charlotte Fritz realizó una serie de estudios sobre cómo las personas se relajan durante su tiempo

---

Reproducido de *Harvard Business Review*, mayo de 2012 (producto #F1205D).

de trabajo, examinándolo todo, desde largas vacaciones hasta breves descansos en el baño. En un estudio, preguntó a los trabajadores sobre qué tipo de «micropausas» se tomaban durante el día y cómo se sentían después. Las micropausas que no guardaban relación con el trabajo —hacer una llamada personal, entrar en Facebook— no se asociaron con más energía y menos fatiga, y en ocasiones, incluso se asociaban con un incremento del cansancio. Mientras tanto, las pausas en las que se realizaron tareas relacionadas con el trabajo parecían reforzar la energía (véase la figura 20-1).

*El reto:* Realmente, ¿son contraproducentes las pausas para tomar café? ¿De verdad estamos mejor sin pensar en nada más que trabajar en el trabajo? **Profesora Fritz, defiende tu investigación**.

Fritz: La gente cree sin ningún género de dudas que «escaparse» del trabajo durante el día es útil, incluso solo durante un tiempo breve. Las organizaciones predican el valor de un paseo al aire libre y animan a los empleados a que dediquen el tiempo de descanso a desconectar y recargarse. Mi propia investigación sobre el alivio del estrés indica que desconectarse del trabajo tiene algún valor. Pero los descubrimientos sobre las micropausas sugieren que tal vez no son la mejor idea si se hacen durante la jornada laboral. En general, las micropausas que no guardaron relación con el trabajo, como tomarse un vaso de agua, llamar a un familiar o ir al baño, no parecían tener ninguna relación importante con la energía que las personas afirmaban tener después de realizarlas —lo que llamamos *su vitalidad*—.

FIGURA 20-1

**Las personas mejoran cuando se desconectan del trabajo durante descansos prolongados, pero no durante descansos breves**

FIGURA 20-1

**Las personas mejoran cuando se desconectan del trabajo durante descansos prolongados, pero no durante descansos breves**

Algunas actividades, como escuchar música y hacer planes de fin de semana, parecían tener un impacto negativo en la energía. La única vez que las personas mostraron un aumento en su vitalidad fue después de descansos cortos en los que hicieron cosas relacionadas con el trabajo, como felicitar a un colega o escribir una lista de tareas pendientes.

**HBR: Parece increíble que un paseo al aire libre durante el día no mejore tu energía.**

Sí, parece contradictorio. Aun así, salir al aire libre durante las micropausas no mostró una relación estadística con los niveles de vitalidad y fatiga. Sin embargo, ayudar a un compañero de trabajo sí lo hizo. La idea parece ser que, cuando estás en mitad del trabajo, lo harás mejor y te sentirás mejor si te centras solo en el trabajo.

**Suena a como que todos los jefes del planeta reenvían ese artículo a sus empleados con una nota que dice: «¡Vuelve al trabajo y serás más feliz!».**

No malinterpretes lo que estoy diciendo. Está claro que la gente necesita alejarse del trabajo de una forma o de otra para recargar pilas. Comencé mi investigación indagando sobre las vacaciones. Luego, sobre los fines de semana. Después, sobre el tiempo entre los días de trabajo. Luego, sobre la pausa para comer. Y ahora, sobre las micropausas. Sin embargo, lo que necesitamos hacer para mantenernos en funcionamiento varía según el marco temporal. Esta investigación parece mostrar que en el trabajo es más beneficioso tomar energía a través de actividades relacionadas con el trabajo.

**Pero los trabajos intensos, como negociaciones estresantes o trabajar en una fábrica, por ejemplo, deben requerir cierta desconexión durante el día.**

Sí, durante descansos más prolongados, pero no tanto durante las micropausas. Además, es importante tener en cuenta que mis estudios se centran en los trabajos de oficina habituales; algunos en una compañía de programas informáticos, y una muestra más pequeña en una empresa de consultoría.

**Sin embargo, una comida es buena, ¿no es así?**

Tal vez. Ahora estamos examinando las pausas para comer y hemos empezado a ver que, si las personas las usan para tomarse un tiempo para reflexionar positivamente en el trabajo, para ampliar sus horizontes, para aprender algo nuevo —que podría guardar relación o no con el trabajo— o para relajarse, su atención es mayor justo después de la comida y, a veces, incluso cuando salen del trabajo. Por tanto, parece que las actividades relacionadas y no relacionadas con el trabajo pueden ser beneficiosas durante las pausas para comer.

**¿No podría una taza de café servir de ayuda para conseguir el estímulo que necesitas por la tarde?**

No. Las pausas para el café se asociaron a una mayor fatiga, no menor. Eso podría ser solo una cuestión de causalidad: puede ser que estar cansado te haga tomar cafeína, no que beber cafeína te canse. No podemos interpretar claramente este hallazgo según los datos que tenemos hasta ahora. Aunque no soy una experta en esto, creo que algunas investigaciones indican que la cafeína es energizante durante un tiempo, pero luego vuelves a estar fatigado y necesitas incluso más cafeína.

### ¿Qué hay de las vacaciones? Por favor, ¡dime que sí son útiles!

Son buenas. En la mayoría de los casos, reducen la sensación de agotamiento y aumentan la sensación de salud. Pero, después de unas dos semanas de trabajo, esas sensaciones de bienestar vuelven a los puntos anteriores a las vacaciones. La duración de las vacaciones tampoco parece cambiar mucho ese efecto. Pero las experiencias de vacaciones positivas y concretas, como alcanzar una sensación de maestría o dominio de una práctica —escalar una montaña o aprender una nueva actividad para el tiempo libre, por ejemplo— tienen un impacto positivo. Parte del rápido «desvanecimiento» de los efectos de vacaciones puede deberse a la forma en que tus tareas se van acumulando durante tu ausencia. Así que regresar de vacaciones es estresante. Esto sugiere que un gran período de vacaciones al año no es el modelo correcto. Obtendrás el mismo efecto beneficioso si te tomas tres vacaciones cortas con más frecuencia.

**Tu investigación parece validar la idea de la jornada de 9 h a 5 h, que consiste en llegar, trabajar duro y marcharse.**

Esa es la imagen general. Pero la tecnología ha hecho que sea difícil dejar el trabajo al final del día para lograr lo que llamamos desenganche psicológico. Esto está bien investigado y guarda relación con todo tipo de resultados excelentes: mejor salud, sueño y satisfacción con la vida, y menor desgaste. Solo una advertencia: demasiado desenganche parece afectar negativamente al rendimiento. Así que no puedes sencillamente desconectar por completo. Eso solo significa que no arrojes tu teléfono por la ventana. Simplemente, que lo apagues por la noche.

**Estoy totalmente agotada por esta entrevista y todavía me quedan dos horas de trabajo. Me gustaría tomar una taza de café o ir al gimnasio, pero me parece que me has desanimado a hacerlo.**

No seas tonta. Felicita a un colega, termina tu trabajo y luego, al final del día, vete al gimnasio, olvídate del trabajo y relájate.

---

**Charlotte Fritz** es profesora asistente de psicología industrial y organizacional en la Universidad Estatal de Portland.

# CAPÍTULO 21

# Contemplar la naturaleza te hace más productivo

## Entrevista a Kate Lee

**Nicole Torres**

*La investigación:* Los investigadores de la Universidad de Melbourne Kate Lee, Kathryn Williams, Leisa Sargent, Nicholas Williams y Katherine Johnson encargaron a 150 sujetos una tarea no especializada que consistía en pulsar teclas específicas cuando determinados números parpadearan en un monitor. Después de cinco minutos, se les dio a estos sujetos un descanso de 40 segundos, y apareció en sus pantallas una imagen de una azotea rodeada de altos edificios.

---

Reproducido de *Harvard Business Review*, septiembre de 2015 (producto #F1509B).

A la mitad de ellos se les mostró una azotea plana de hormigón; a los otros, una azotea cubierta de prado verde en floración. Luego, los dos grupos reanudaron la tarea. Después del descanso, los niveles de concentración disminuyeron un 8% entre las personas que vieron la azotea de cemento, y su desempeño se volvió menos estable. Pero entre los que vieron la azotea verde, los niveles de concentración aumentaron un 6% y el rendimiento se mantuvo estable.

*El reto:* Observar la naturaleza, incluso en un simple protector de pantalla, ¿puede mejorar la concentración? Mirar la hierba durante 40 segundos, ¿cuánto puede ayudar realmente? **Sra. Lee, defienda su investigación**.

Lee: Implícitamente sentimos que la naturaleza es buena para nosotros, y ha habido mucha investigación sobre sus enormes beneficios sociales, de salud y mentales, y sobre los mecanismos mediante los que ocurren. Nuestros descubrimientos sugieren que hacer estas micropausas verdes, tomarse un tiempo para observar la naturaleza a través de la ventana, salir a caminar o incluso mirar el protector de pantalla, puede ser muy útil para mejorar la atención y el rendimiento en el lugar de trabajo.

HBR: ¿Cómo se midió el rendimiento de los sujetos?

Observamos cuántos errores cometieron las personas y con qué rapidez reaccionaron a los números. Esto nos mostró deslices momentáneos en la atención —si alguien olvidaba presionar una tecla— y errores mayores cuando alguien iba a la deriva durante el transcurso de la prueba.

Las personas que vieron la azotea cubierta de hierba cometieron un número significativamente menor de errores de omisión, y mostraron niveles de atención más uniformes en general y menos lapsus momentáneos. Pero entre el grupo que vio la azotea de hormigón, el rendimiento cayó después de la micropausa.

**¿Realizaron escáneres cerebrales para medir los niveles de atención?**

La medida conductual que usamos —la «atención sostenida como respuesta a una tarea» o SART (por sus iniciales en inglés)— se había mapeado antes usando las imágenes cerebrales, por lo que sabíamos que el cerebro responde de manera predecible cuando la gente interrumpe su atención sostenida. Esta es la capacidad de mantener la atención centrada en una tarea y de bloquear las cosas que suceden a tu alrededor. Necesitas hacer ambas cosas para tener un buen desempeño y asumir cargas de trabajo duras.

**¿Por qué ver una azotea verde mejora nuestra atención? ¿Estamos programados para que nos guste la naturaleza?**

En esta investigación me he basado en la teoría de la restauración de la atención, que sugiere que los entornos naturales tienen beneficios para las personas. La teoría es que, debido a que la naturaleza nos resulta fascinante sin hacer ningún esfuerzo, capta nuestra atención sin que tengamos que concentrarnos conscientemente en ella. No se basa en el control de la atención, que utilizas para todas estas tareas diarias que requieren que te centres. Así que observar los entornos naturales te brinda la oportunidad de reponer tus reservas de control de la atención. Eso es realmente importante, porque nuestras reservas son un recurso limitado que interrumpimos constantemente.

Una gran cantidad de investigaciones sobre psicología ambiental solamente han analizado cómo responden las personas a paisajes como selvas, bosques y grandes parques durante períodos mucho más prolongados. Pero, como ahora la mayoría de nuestra población vive y trabaja en ciudades, nos hemos estado preguntando si deberíamos pensar en espacios verdes más pequeños y en descansos más cortos.

### ¿Por qué 40 segundos? ¿Funcionarían también 20 segundos? ¿Tal vez 5?

Teníamos pocas pistas de investigaciones previas, en las que otros hubieran hablado de los beneficios que pueden obtenerse de la naturaleza solo echando breves vistazos a través de la ventana, pero nadie había explorado realmente esa idea. Entonces comenzamos a pensar en el espacio verde que uno podría ver en su vida laboral diaria. El marco temporal de 40 segundos proviene de un estudio piloto que realizamos, en el que hacíamos que la gente pasara por el mismo procedimiento, pero cuando llegaron a la micropausa, pudieron mirar la azotea verde durante el tiempo que quisieron antes de volver a su tarea. En promedio, pasaron 40 segundos. Todavía no sabemos lo breve que podría ser esa interrupción, pero 40 segundos es mucho menos tiempo que cualquier otro período que se haya estudiado antes.

### ¿Hay mucha literatura sobre las micropausas?

No, no la hay. Algunas investigaciones aparecidas en estos días analizan las oportunidades para tomarse descansos durante el día, algo realmente importante. Una gran parte de la literatura ha analizado los descansos más prolongados fuera del lugar de trabajo, al final de la jornada laboral o durante los fines de semana o las vacaciones. Pero ahora se está empezando a pensar en estrategias simples, rápidas y efectivas, que sean complementarias a esos otros tipos de descansos.

### Los individuos del estudio solo pulsaban teclas durante un instante. ¿Cómo se aplicaría esto a tareas más complejas?

La tarea era medir la atención sostenida: su capacidad para mantener el enfoque y no distraerse ni pensar en otras cosas. Eso parece sencillo, pero realmente requiere que te fijes en la tarea. Y la atención sostenida es una función cognitiva fundamental que subyace en todas las otras redes de atención, como la atención ejecutiva. Es importante para actividades como leer, el marketing, las estrategias y planificación. Así que nuestro trabajo apunta a lo que podríamos ver con tareas más complejas, pero tendríamos que investigar más.

**Tomarse un descanso para mirar por la ventana podría llevar a quedarse soñando despierto. ¿Hay algún punto en el que esto nos haga menos productivos?**

En esta etapa, simplemente no lo sabemos. Hay muchas preguntas por responder que presentan oportunidades para futuras investigaciones: ¿Cómo podemos incorporar micropausas ecológicas en nuestro día de trabajo? ¿Qué duración deberían tener? ¿Con qué frecuencia las necesitamos? ¿Cuánto tiempo pueden durar sus beneficios? Estas son cosas sobre las que necesitamos pensar.

**Entonces, ¿debería ir a caminar al bosque antes de comenzar a escribir?**

No estaría mal.

---

**Nicole Torres** es editora asociada en Harvard Business Review.

# CAPÍTULO 22

# Cinco formas de trabajar más eficazmente en casa

**Carolyn O'Hara**

Cada vez más personas se libran de un largo desplazamiento hasta su lugar de trabajo y trabajan desde casa. Si eres un profesional independiente a tiempo completo o un teletrabajador ocasional, trabajar fuera de una oficina puede ser todo un reto. ¿Cuáles son las mejores formas de prepararse para el éxito? ¿Cómo te mantienes concentrado y productivo? ¿Y cómo mantienes tu vida laboral separada de tu vida doméstica?

---

Adaptado del contenido publicado en hbr.org el 2 de octubre de 2014.

## Lo que dicen los expertos

Los días en que trabajar desde casa evocaba la imagen de un vago en pijama están desapareciendo rápidamente. Los avances tecnológicos y los empresarios que tratan de reducir sus costes han llevado a que más personas que nunca trabajen fuera de una oficina. Según una estimación, el teletrabajo aumentó en Estados Unidos en un 80% entre 2005 y 2012. «Los beneficios obvios para los trabajadores incluyen flexibilidad, autonomía y la comodidad de trabajar en su propio espacio», dice Ned Hallowell, autor de *Driven to Distraction at Work: How to Focus and Be More Productive*. Y, si se hace bien, trabajar desde casa puede significar un importante aumento de la productividad. Un estudio de 2013 realizado por la Universidad de Stanford descubrió que la productividad de los empleados que trabajaban desde casa era un 13% mayor que la de sus colegas que están en la oficina. Las personas a menudo sienten que progresan más cuando trabajan desde casa, dice Steven Kramer, psicólogo y autor de *The Progress Principle*, y «entre todas las cosas que pueden impulsar la vida laboral de las personas, la más importante es sencillamente progresar en un trabajo importante». Veamos cómo trabajar desde casa de manera efectiva.

### Mantén un horario regular

«Sin supervisión, incluso el más consciente de nosotros puede holgazanear», dice Hallowell. Fijar un horario no solo proporciona una estructura al día, sino que también ayuda a que nos mantengamos motivados. Comienza el día como lo harías si trabajaras en una oficina: levántate temprano, vístete y trata de evitar las distracciones en línea una vez que te sientes a trabajar. Si acabas de empezar a trabajar en tu casa o lo has estado haciendo durante meses o años, tómate algunas semanas para determinar el mejor ritmo para tu día. Luego, establece expectativas realistas sobre lo que puedes hacer a diario. «Hazte un horario y cúmplelo», dice Kramer. Date permiso para tener tiempo de inactividad mientras planificas tu día. Si tienes que trabajar horas extras en un proyecto, disfruta de más tiempo libre para compensarlo.

## Fija límites claros

Cuando trabajas en casa, es fácil dejar que el límite entre tu vida laboral y la doméstica se desdibuje. «Si no tienes cuidado en mantener los límites, puedes comenzar a sentir que siempre estás trabajando y perder el hogar al que volver», dice Hallowell. Por eso es importante que mantengas estos dos espacios separados. Una forma de hacerlo es reservar un espacio en tu casa solo para trabajar. También has de asegurarte de que tus amigos y tus seres queridos comprendan que, aunque estés en casa, no estás disponible durante el horario de trabajo que has programado. «Si suena el timbre, a menos que realmente esté esperando algo, lo ignoraré», dice Kramer. Esto no solo te ayudará a mantenerte concentrado, sino que también te permitirá salir del modo trabajo al final del día. «Programa tiempo con tu familia y para ti mismo», dice Kramer. «Ponlo en tu calendario diario tan en serio como harías con tu trabajo». Y no te preocupes por tener que parar si es uno de esos días en los que estás en racha con un proyecto. Hacer una pausa en medio hará que te resulte más fácil retomar la tarea el día siguiente, un consejo que es válido para todos, pero especialmente para quienes trabajan desde casa. «Ernest Hemingway trataba de dejar un párrafo a medias al final del día», dice Kramer, «así cuando se sentaba de nuevo, comenzar no le resultaba difícil porque sabía adónde iba».

## Descansa de forma regular

Puede ser tentador trabajar a toda máquina, especialmente si intentas demostrar que eres productivo en casa. Pero es vital «que concedas a tu cerebro descansos regulares», dice Hallowell. ¿Con qué frecuencia es mejor? Los investigadores en una empresa de redes sociales recientemente rastrearon los hábitos de sus empleados más productivos. Descubrieron que los mejores trabajadores solían trabajar intensamente durante aproximadamente 52 minutos, y luego se tomaban un descanso de 17 minutos. Y esos descansos restauradores no necesitan tener una forma concreta. «Puede ser algo tan sencillo como mirar por la ventana o leer el periódico», dice Hallowell, cualquier cosa que dé a tu cerebro la oportunidad de recuperarse brevemente. «El cerebro es como cualquier otro músculo. Necesita descansar», dice Kramer. «Sal a caminar, haz ejercicio, estírate. Luego vuelve a trabajar».

## Mantente conectado

El aislamiento prolongado puede reducir la productividad y la motivación. Por lo tanto, si no tienes un trabajo que requiera tiempo con otras personas todos los días, debes esforzarte más para mantenerte conectado. Programa cafés regulares y reuniones con colegas, clientes y compañeros de trabajo. Participa en organizaciones profesionales. Y usa redes de contactos en línea como LinkedIn para mantenerte conectado con tus contactos lejanos. Dado que la visibilidad puede ser un factor importante para ascender en la oficina, mantente en contacto con tus colegas y superiores lo máximo posible. «Cuéntale a la gente lo que estás haciendo», dice Kramer. Comparte algunas de las tareas que has realizado ese día. «Es extremadamente importante no solo para tu carrera, sino también para tu bienestar psicológico», dice.

### Celebra tus victorias

Cuando trabajas solo en tu casa, puede ser difícil que te mantengas motivado, en especial cuando hay muchas distracciones: Facebook, ese montón de ropa, el armario que es necesario ordenar... Una forma inteligente de mantener el impulso es dedicar un momento o dos a reconocer lo que has logrado ese día, en lugar de fijarte en lo que todavía tienes que hacer. «Tómate un tiempo al final del día para prestar atención a las cosas que has hecho, en lugar de a las cosas que no has podido hacer», dice Kramer. También puedes llevar un diario en el que reflexiones sobre los acontecimientos del día y anotes lo que has tachado de tu lista de tareas pendientes. El recordatorio diario de lo que has sido capaz de terminar ayudará a crear un ciclo virtuoso en el futuro.

## Caso de estudio: Mantenerse organizado y ajustado

Heather Spohr, escritora y redactora radicada en Los Ángeles, no eligió trabajar desde su casa como *free lance* .

Después de diez años en el mundo corporativo, la despidieron de un trabajo de ventas con seis cifras de facturación: «Tenía un bebé en casa, así que cambié mi punto de vista», dice Heather. Ahora escribe artículos para todos, desde sitios para padres y bancos hasta «compañías automovilísticas, farmacéuticas, de belleza o lo que sea», dice ella.

A pesar de querer mantener horarios de trabajo regulares, Heather a menudo encuentra que la presión de encontrar nuevos trabajos de escritura, además de acabar los que le han encargado, la empuja a hacer horas extras. «Puede ser muy difícil mantener un horario, porque el trabajo autónomo suele ser una montaña de trabajo o nada», afirma.

Para darle más estructura a su vida laboral, se sienta todos los domingos por la noche después de que sus hijos se hayan ido a la cama y prepara un plan para la semana siguiente. «Hago unas listas increíbles», dice. «Hago los horarios diarios y priorizo las tareas. Entonces, todos los días he de revisar ese calendario, porque siempre surgen asuntos nuevos». También suele incluir una hora de tiempo libre en su agenda diaria. De esa manera, «si mi niñera va a llegar una hora tarde, no me estropea el día completo», dice. «Una vez que comencé a hacer eso, mi nivel de estrés se redujo considerablemente».

Ella insiste en tomarse descansos regulares, usando un temporizador que la avisa cada 45 minutos. «Entonces me doy de 5 a 10 minutos para levantarme, tomar un aperitivo, mirar Twitter, jugar a Candy Crush o lo que sea», dice. «Al principio me sentía culpable por ello, pero me recordé a mí misma que, cuando trabajaba en una oficina, me interrumpían mucho más que eso. Incluso con estos descansos, aún hago más cosas».

Para Heather, lo más difícil es el aislamiento. «Soy muy sociable y extrovertida, me encanta estar rodeada de gente», dice. Para combatir la soledad, pasa tiempo con otros redactores y amigos cara a cara. También ha encontrado una red muy activa de redactores autónomos en varios grupos de discusión en línea. «He tenido una conexión positiva con muchas personas a través del grupo Citigroup's Women & Co. y LinkedIn, y hay salas de chat a las que me conecto para decir "hola" y mantenerme en contacto», dice.

## Caso de estudio: Mantener los límites entre trabajo y vida personal

Cuando Catherine Campbell lanzó su propio negocio de marca y estrategia en Asheville (Carolina del Norte), en 2014, ya tenía experiencia trabajando desde casa. Su último trabajo como directora de marketing de una agencia de redacción era virtual, pero sabía que el lanzamiento de su propia compañía requeriría más disciplina. «Administrar mi tiempo y no trabajar demasiado iba a ser la mayor dificultad», afirma.

Desde el principio, Catherine estableció reglas estrictas para mantener su vida laboral separada de su vida personal. «Es cuestión de límites y de mentalidad», dice. Nunca recibe correos electrónicos de trabajo en su teléfono, por lo que no tiene la tentación de revisar mensajes a todas horas del día. Solo está disponible en Skype mediante cita, y declara explícitamente en su firma de correo electrónico que su horario de trabajo es de 9 h de la mañana a 5 h de la tarde, en su zona horaria. «Cuando sales de una oficina tradicional, sueles terminar el día laboral», dice. «Cuando tienes una oficina en casa, debes abordarlo de la misma manera».

También intenta reservar la primera hora de cada día para consultar el correo electrónico, hacer su propia promoción y marketing, y confeccionar una lista de objetivos diarios. «Es lo que llamo *una hora tranquila para mí*, solo para enfocarme y sacarme de encima algunas de las tareas más pequeñas. Eso me permite meterme de verdad en el trabajo más grande del cliente durante el resto del día», dice. También se asegura de salir de la casa todos los días, llueva o truene, a las cinco de la tarde. «Salgo a caminar, recojo a mi hijo, voy a un grupo de trabajo en red, tomo ese último bocado para cenar o me reúno con una amiga o compañera para hablar de trabajo», dice ella.

Además, no le preocupan los momentos en que tiene que trabajar hasta tarde en un proyecto, porque luego se reserva ese tiempo extra para ella. «Es lo que yo llamaría *programación inteligente*», dice Catherine. «Te dices a ti mismo, vale, tengo este cliente extra esta semana o este proyecto urgente, así que voy a trabajar estas dos noches. Pero luego voy a reducir el viernes y salir de la oficina al mediodía.

«Trabajar desde casa siempre plantea unos límites borrosos», dice. «Tienes que aprender a dar y a quitar para que tu negocio no te absorba».

---

**Carolyn O'Hara** es escritora y editora y vive en la ciudad de Nueva York. Ha trabajado *en The Week, PBS NewsHour* y *Foreign Policy*. Síguela en Twitter en: @carolynohara1.

# CAPÍTULO 23

# Cosas que comprar, descargar o hacer cuando trabajas a distancia

**Alexandra Samuel**

Tanto si trabajas desde casa a tiempo completo como si simplemente trabajas algunos días ocasionales lejos de la oficina, serás mucho más eficaz si cuentas con la infraestructura digital adecuada para el trabajo a distancia. Los elementos que deben formar parte de ese conjunto de herramientas depende del tipo de trabajo que hagas, de tu estilo personal de trabajo y de tu vida familiar: un programador informático puede trabajar solo y en silencio desde

---

Adaptado del contenido publicado en hbr.org el 4 de febrero de 2015.

la sala de estar con su computadora portátil, mientras que un profesional de desarrollo comercial que tenga niños pequeños necesitará una habitación privada con la puerta cerrada para hacer sus llamadas de ventas.

Sean las que sean tus circunstancias particulares, las siguientes prácticas y herramientas pueden facilitarte mucho el trabajo.

## Programas informáticos

*Documentos compartidos.* Google Drive ya es el servicio de referencia para compartir documentos con colegas, pero es doblemente útil cuando trabajas a distancia. Dado que puedes editar un documento en pantalla en tiempo real, colaborar a distancia en un borrador de agenda o informe es tan fácil como sentarse junto a un documento en papel; en realidad es más fácil, porque tendrás todos los cambios capturados al final de la reunión. También puedes usar Google Drive o Dropbox para compartir archivos y documentos que pesen demasiado para enviarlos por correo electrónico.

*Compartir notas.* Para mantener todas mis notas y recortes de web en un solo lugar uso Evernote, una aplicación de bloc de notas digital. Es una herramienta fantástica para los trabajadores remotos, ya que mantiene mis notas sincronizadas en todos mis dispositivos, así que puedo acceder a ellos sin que importe qué computadora portátil llevo, o si solo tengo mi teléfono o iPad. Usar Evernote es como entregarle un archivo físico a un compañero: al invitar a alguien a un bloc de notas compartido, puedo compartir fácilmente el trabajo en progreso.

*Calendarios.* Si necesitas programar más que una reunión ocasional o una llamada telefónica, configura tu calendario con espacios para citas que permitan a otras personas reservar tiempo para sí mismas en tu calendario. Puedes usar los espacios de citas del calendario de Google o usar un servicio como Calendly. Establece períodos de citas durante una parte específica del día o de la semana, y mantén libres tus horas de concentración principales —siempre que estén— reservadas para hacer el tipo de trabajo ininterrumpido que es difícil de hacer en la oficina.

*Compartir pantalla.* Incluso si no vas a hacer llamadas de ventas, compartir la pantalla a menudo es la forma más eficiente de mostrarle a alguien de qué estás hablando. Creo que join.me es la opción más fiable, y la versión básica es gratuita. Si vas a hacer llamadas de ventas o demostraciones, configura cuentas en un par de proveedores diferentes para tener una alternativa si tu servicio habitual no le funciona a la persona con quien estés tratando de compartir pantalla.

*Mensajería instantánea.* La mensajería instantánea brinda muchos de los beneficios de trabajar en el mismo lugar que tus compañeros, sin la interrupción de un teléfono que suena o un colega que se deja caer por tu escritorio justo cuando estás trabajando con una fecha de entrega urgente. Usa estos servicios para hacerle a alguien una pregunta rápida, o incluso para un poco de socialización ligera, que te ayudará a reducir el aislamiento del trabajo a distancia. Es más eficaz usar el mismo servicio de chat que usen la mayoría de tus colegas o clientes, y si lo conectas a la cuenta

SMS de tu teléfono puedes leer y responder mensajes de texto desde tu portátil.

*Hacer contactos profesionales.* Incluso si nunca has sido fanático de Facebook o Twitter, el trabajo a distancia es un gran motivo para estar presente en una o más redes sociales. Es una forma de disfrutar de la sociabilidad ambiental y de la espontaneidad de trabajar en una oficina: un descanso de cinco minutos en Twitter puede darte una buena sugerencia para una nueva idea, o te permitirá descubrir esa parte de las noticias de la industria que, de otro modo, te perderías. Elige una red social que sea tu máquina del café virtual, y visítala al menos un par de veces al día para no quedarte aislado del mundo.

## Equipo informático

Todas esas excelentes herramientas de colaboración en la nube no te servirán de nada si no puedes conectarte a internet... o encender tu computadora. Esto es lo que recomiendo que tengas a mano para poder acceder siempre a lo que necesitas.

*Tu propia conexión de red.* No puedes depender de los vaivenes de la cafetería con wifi, así que contrata tu propia conexión a internet, que esté disponible en cualquier lugar y en cualquier momento. Eso podría ser tan simple como conectar tu teléfono a la red y usarlo como tu conexión de respaldo, o comprar una memoria USB de tu compañía inalámbrica para poder acceder a los datos de tu computadora portátil.

*Unos auriculares de calidad.* Consigue unos auriculares fiables tanto para tu oficina en casa como para tu teléfono móvil. He probado una docena de auriculares Bluetooth e inalámbricos diferentes, pero prefiero usar auriculares con cable para no tener que preocuparme por la carga y por la conexión con el dispositivo. Usar auriculares te permite escribir mientras hablas, pero uno de los beneficios del trabajo a distancia es que no tienes que estar sentado en tu escritorio. Si tienes una llamada que no requiere que tomes notas, los auriculares te permiten dar un paseo revitalizador o te dan tiempo para limpiar tu escritorio —o tu cocina—.

*Cargador pequeño de viaje.* Si llevas tu propia toma de corriente para varios enchufes, nunca te encontrarás en un café donde ya se estén utilizando todas las tomas de corriente disponibles: solo pregúntale a alguien si puedes desenchufar su computadora para que ambos podáis usar tu enchufe múltiple. Este truco también te ayudará a hacer amigos en los concurridos centros de convenciones o en los salones de los aeropuertos.

*Cables de repuesto.* Compra un adaptador adicional para tu computadora y cables adicionales para todos tus dispositivos (teléfono, tableta, etc.). Si mantienes todos los cables en tu bolsa, en lugar de desenchufarlos de casa todas las mañanas, nunca te encontrarás en la situación en la que no puedas utilizar un dispositivo o un cargador haya desaparecido.

*Batería y adaptador para el coche.* Lleva una batería externa en la que puedas cargar tu teléfono y que también puedas cargar en el coche. Mejor aún, compra un adaptador que te permita enchufar tu portátil en tu coche, de modo que siempre puedas hacer esa llamada de ventas crucial desde la privacidad de tu vehículo, sin que tengas que preocuparte por perder la carga a mitad de la presentación.

*Computadora portátil ligera.* Mientras más móvil sea, más fácil será trabajar en cualquier lugar y en cualquier momento.

## Prácticas recomendables

Incluso la mejor selección de herramientas para trabajar desde casa no puede garantizarte que serás feliz y productivo como trabajador externo. Para que la configuración de tu trabajo a distancia sea realmente efectiva, aprovecha el beneficio número uno del trabajo a distancia: la oportunidad de ejercer un alto grado de intención y control sobre cómo quieres que sea tu día de trabajo. Aquí están mis tres mejores recomendaciones.

*Parte tu día.* Divide tu día en partes en las que centres tu atención en el tipo de trabajo que quieres hacer. Para mí, eso significa dividir mi día de trabajo en períodos de «puerta abierta» y «puerta cerrada». Trabajo mejor a primera hora de la mañana, así que trato de mantener mi agenda matutina reservada para hacer trabajos que requieran concentración.

*Mantén un canal de emergencia.* Una de las mejores cosas de trabajar a distancia es que no estás sujeto a la interrupción constante de tus colegas. Para aprovechar esto, yo dejo mi teléfono en silencio, y mi estado de mensajería instantánea como «no disponible». Pero mis colegas más próximos saben que siempre pueden comunicarse conmigo por SMS.

*Plan de conexión.* Mantenerse conectado con otras personas es tan importante como proteger el tiempo de trabajo concentrado. Trabajar en cafeterías es una gran manera de evitar convertirte en un ermitaño, especialmente si eliges un lugar conocido y llegas a conocer a los *baristas*. Sal a comer o a tomar algo con colegas y amigos para no sentirte demasiado aislado: recuerda que estás haciendo mucho más trabajo que cuando estás fuera de la oficina, por lo que puedes permitirte un poco de tiempo social.

Uno de los grandes beneficios de vivir en un mundo en línea es la capacidad de trabajar en cualquier lugar y en cualquier momento. Aprovecha esa posibilidad y adapta tu configuración para poder trabajar dónde y cómo quieras, y serás más productivo que cualquier trabajador cuyo horario sea de 9 h a 5 h.

---

**Alexandra Samuel** es conferenciante, investigadora y escritora. Trabaja con las principales compañías del mundo para ayudarles a comprender a sus clientes en línea y elaborar informes basados en datos, como «Sharing is the New Buying». Es autora de *Work Smarter with Social Media* (Harvard Business Review Press, 2015). Alex tiene un doctorado en ciencias políticas por la Universidad de Harvard. Síguela en Twitter en: @awsamuel.

# Motívate

Te has fijado objetivos y has planificado tu día. Has dicho que no a algunos proyectos y que sí a otros, y has puesto límites a los compañeros que requieren mucha atención.

Ahora que has encontrado tu centro de atención y que estás profundizando en tu trabajo, ¿cómo puedes mantener ese impulso? Esta sección de la guía te ayudará a que sigas manteniéndote en la tarea que tienes entre manos.

CAPÍTULO 24

# Encontrar sentido al trabajo, incluso cuando es aburrido

**Morten Hansen y Dacher Keltner**

¿Sientes una sensación de implicación en tu trabajo o solamente vacío?

En Estados Unidos, las personas dedican como promedio entre 35 y 40 horas de trabajo semanales. Eso es unas 80.000 horas durante una carrera profesional, probablemente más tiempo del que pasarás con tus hijos. Más allá del sueldo, ¿qué te da el trabajo? Hay pocas preguntas que sean tan importantes. Es triste transitar por la vida y sentir que el trabajo es una tarea vacía y terrible que agota la energía de tu cuerpo y tu alma. Sin embargo, muchos em-

---

Adaptado del contenido publicado en hbr.org el 20 de diciembre de 2012.

pleados viven así, como demuestra un estudio a gran escala que pone de manifiesto que solo el 31% de los empleados se sentían comprometidos.

Sin embargo, el trabajo puede proporcionar distintas experiencias importantes, a pesar de que muchos empleados no las disfrutan en su trabajo actual. Entonces, ¿de dónde proceden las experiencias significativas en el trabajo?

Hemos preparado una lista, a partir de nuestras lecturas sobre conducta en la organización y psicología. Muchas teorías hablan sobre el significado del trabajo, incluidas las teorías basadas en las necesidades, las motivaciones, el estado, el poder y la comunidad. La frase «significado del trabajo» se refiere a la experiencia que una persona tiene de algo significativo —algo de valor— que el trabajo proporciona. Eso no es lo mismo que «trabajo significativo», que se refiere a la tarea en sí misma. El trabajo es un escenario social que también proporciona otros tipos de experiencias significativas.

Antes de revisar la lista, es importante tener en cuenta que diferentes personas buscan diferentes tipos de significado en el trabajo y que los distintos lugares de trabajo proporcionan diferentes significados.

Si tu trabajo se caracteriza por alguno de los siguientes aspectos, es probable que tenga algún significado para ti, que puede ser más motivador que cualquier aumento salarial o éxito en un proyecto individual.

## Propósito

### Contribuciones que van más allá de ti

La gente de Kiva, una organización no gubernamental, canaliza microcréditos a personas pobres, que pueden emplear el dinero en poner en marcha una pequeña empresa y mejorar sus vidas. Su trabajo tiene claramente un propósito mayor: ayudar a las personas que lo necesitan. Esto se nutre del anhelo de tener una vida significativa, basada en hacer contribuciones más allá de uno mismo.

Sin embargo, el problema es que la mayor parte de los trabajos no tienen un propósito tan elevado, ya sea porque se trata de un trabajo rutinario o porque, seamos sinceros, la empresa en realidad no tiene una misión social. Críticos como Umair Haque argumentan que el trabajo que implica vender aún más hamburguesas, agua con azúcar o ropa de alta costura, entre otras cosas, no tiene ningún propósito superior. Según este punto de vista, la campaña «destapa la felicidad» de Coca-Cola es solo un eslogan desprovisto de significado. Pero, como afirman Teresa Amabile y Steve Kramer, hay mucho trabajo al que se le puede infundir algún nivel de propósito. Las empresas que hacen esfuerzos reales en el campo de la responsabilidad social hacen, por ejemplo, esto: Danone, la empresa de bienes de consumo de gran éxito de 25.000 millones que vende yogures, ha definido su negocio como proveedor de alimentos saludables —lo que le llevó a vender su negocio de galletas—. La prueba de fuego aquí es si los empleados sienten que su trabajo hace contribuciones positivas a los demás. Es entonces cuando experimentan que su trabajo tiene un significado.

## Autorrealización

### Aprendizaje

Muchos MBA recién graduados acuden en manada a McKinsey, BCG y otras consultorías para adquirir rápidamente habilidades valiosas. General Electric es reconocida por desarrollar a directores generales, y las personas que quieren convertirse en especialistas en marketing desean aprender ese oficio en Procter & Gamble. El trabajo ofrece crecimiento personal: oportunidades para aprender, ampliar horizontes y mejorar la conciencia de uno mismo.

### Logros

El trabajo es un lugar para lograr cosas y ser reconocido; lo que conduce a una mayor satisfacción, confianza y autoestima. En el documental Jiro Dreams of Sushi, vemos al mejor chef de sushi de Japón dedicar su vida a hacer el sushi perfecto. Bueno, algunos críticos como Lucy Kellaway en el Financial Times dicen que aquí no hay una verdadera misión social. Pero, al ver la película, su búsqueda de la perfección para hacer un mejor sushi, todo el tiempo, le da a su vida un profundo sentido y significado. Y para Jiro, el trabajo en sí, hacer el sushi, le da una profunda satisfacción intrínseca.

## Prestigio

### Estatus

Una pregunta frecuente en los cócteles es «¿Dónde trabajas?». La capacidad de decir un nombre como «Soy médico en la Facultad de Medicina de Harvard» rezuma estatus. Para algunos, ese momento compensa todos los turnos de noche agotadores. Una organización de alto estatus confiere respeto, reconocimiento y un sentido de valía a los empleados, y a algunos eso les proporciona un significado.

### Poder

Paul Lawrence y Nitin Nohria escribieron en su libro *Driven* que, a aquellos a quienes les atrae el poder, el trabajo les proporciona un escenario donde adquirirlo y ejercerlo. Puede que no seas uno de esos pero, si lo eres, el trabajo es significativo para ti porque tienes y puedes usar el poder.

## Social

### Pertenecer a una comunidad

Las compañías como Southwest Airlines hacen todo lo posible para crear un ambiente de empresa al cual las personas sientan que pertenecen. En una sociedad en la que cada vez más personas van por libre, todos anhelan un lugar en el que forjar amistades y experimentar un sentido de comunidad. El lugar de trabajo puede complementar o incluso sustituir a otras comunidades (familia, barrio, clubes, etc.).

### Acción

Los empleados sienten que su trabajo tiene un sentido cuando lo que hacen es realmente importante para la organización: cuando se escuchan sus ideas y cuando ven que sus aportaciones tienen un impacto en el desempeño de la empresa.

### Autonomía

Como muestra Dan Pink en su libro *Drive*, la autonomía es un gran motivador intrínseco. Algunas personas se sienten atraídas por ciertos tipos de trabajo que proporcionan gran cantidad de autonomía: la ausencia de otros que les digan qué hacer, y la libertad de hacer su propio trabajo y de dominarlo. Por ejemplo, los emprendedores con frecuencia crean sus propios negocios para poder ser sus propios jefes.

No hay duda de que también existen otras fuentes que dan significado al trabajo, pero estos aspectos parecen ser especialmente importantes. Encontrar varios de ellos en el trabajo no es necesariamente mejor. Experimentar uno profundamente puede ser suficiente. Pero, si no experimentas ninguno de ellos, probablemente tengas dificultades para ir a trabajar todos los días.

---

**Morten Hansen** es profesor en la Universidad de California (Berkeley) y en INSEAD (Francia) y es autor de *Collaboration* (Harvard Business Review Press, 2009). **Dacher Keltner** es profesor de psicología en UC Berkeley y autor de *Born to Be Good: The Science of a Meaningful Life*.

# CAPÍTULO 25

# Cómo ponerte a trabajar cuando no te apetece

**Heidi Grant**

Tienes ese proyecto que dejaste atrás: el que se está acercando incómodamente a la fecha de entrega y te empieza a poner nervioso. Y está el cliente al que tienes que devolver una llamada: el que no hace más que quejarse y devorar tu valioso tiempo. Espera, ¿no ibas a intentar ir al gimnasio más a menudo este año?

¿Puedes imaginar cuánta culpa, estrés y frustración podrías dejar de sentir si pudieras hacer las cosas que no quieres hacer cuando se supone que debes hacerlas? Por no mencionar lo que aumentarían tu eficacia y tu felicidad.

---

Adaptado del contenido publicado en hbr.org el 14 de febrero de 2014.

La buena noticia —y es una muy buena noticia— es que puedes mejorar si no pospones las cosas, siempre que utilices la estrategia correcta. Averiguar qué estrategia debes utilizar depende en primer lugar de por qué estás posponiendo tus tareas. Veamos las razones más frecuentes para la procrastinación.

## Razón 1: Estás posponiendo algo porque tienes miedo de estropearlo

### Solución: adopta una «perspectiva de prevención»

Hay dos maneras de ver cualquier tarea. Puedes hacer algo porque lo ves como una forma de *estar mejor de lo que estás ahora* —como un logro o una hazaña—. *Si completo este proyecto con éxito, impresionaré a mi jefe, o si hago ejercicio regularmente, tendré un aspecto increíble*. Los psicólogos llaman a esto una *perspectiva de promoción*, y la investigación muestra que cuando la tienes, estás motivado por la idea de obtener ganancias y trabajar mejor cuando te sientes ansioso y optimista. Suena bien, ¿no? Bueno, si tienes miedo de «meter la pata», este no es el enfoque para ti. La ansiedad y la duda socavan la motivación de promoción, por lo que es menos probable que realices alguna acción.

Lo que necesitas es una forma de ver lo que tienes que hacer que no resulte socavada por la duda, idealmente, una forma de ver que prospere con la duda. Cuando aplicas una *perspectiva de prevención*, en lugar de pensar en cuál es la mejor forma de terminar, ves la tarea como *una forma de aferrarte a lo que ya tienes*: para evitar fracasar.

Para aplicar una perspectiva de prevención, completar con éxito un proyecto es una forma de evitar que tu jefe se enoje o piense menos en ti. Hacer ejercicio regularmente es una forma de no «atrofiarse». Décadas de investigación, que describo en mi libro *Focus*, muestran que la motivación para la prevención, en realidad, se ve reforzada por la ansiedad sobre lo que podría salir mal. Cuando te centras en evitar fracasar, queda claro que la única forma de salir del peligro es tomar medidas inmediatas. Cuanto más te preocupes, más rápido lo conseguirás.

Sé que esto no suena como algo muy divertido, sobre todo si eres más del tipo de promoción, pero probablemente no hay una mejor manera de superar tu ansiedad ante la posibilidad de equivocarse que pensar seriamente en todas las nefastas consecuencias de no hacer nada en absoluto. Vamos, de asustarte a ti mismo. La sensación es horrible, pero funciona.

## Razón 2: Estás posponiendo algo porque no «tienes» ganas de hacerlo

*Solución: haz como Spock e ignora tus sentimientos. Se interponen en tu camino*

En su excelente libro *El antídoto: felicidad para gente que no soporta el pensamiento positivo*,[1] Oliver Burkeman señala que la mayoría de las veces, cuando decimos cosas como «no puedo levantarme de la cama temprano en la mañana» o «yo no puedo hacer ejercicio», lo que realmente

---

1 Burkeman, O. (2013). *El antídoto: felicidad para gente que no soporta el pensamiento positivo*. Urano.

queremos decir es que no conseguimos tener ganas de hacer esas cosas. Después de todo, nadie te ata a tu cama cada mañana. No hay porteros intimidatorios bloqueando la puerta de entrada a tu gimnasio. Físicamente, nada te detiene, simplemente no te apetece hacerlo. Pero Burkeman pregunta: «¿Quién dice que necesitas esperar hasta que "tengas ganas" de hacer algo para comenzar a hacerlo?».

Piénsalo un minuto, porque es realmente importante. En algún momento del camino, todos hemos creído en la idea, sin darnos cuenta conscientemente, de que para estar motivados y ser efectivos necesitamos tener ganas de entrar en acción. Que necesitamos estar *ansiosos* por hacerlo. Realmente no sé por qué creemos esto, porque es completamente absurdo. Sí, en algún nivel debes estar comprometido con lo que estás haciendo; debes querer ver el proyecto terminado o seguir hábitos más saludables o empezar más pronto tu día. Pero no necesitas *sentir ganas de hacerlo*.

De hecho, como señala Burkeman, muchos de los artistas, escritores e innovadores más prolíficos se han convertido en ello en parte debido a su dependencia de las rutinas de trabajo que los forzaron a dedicar un cierto número de horas al día, sin importar lo poco inspirados que pudieran estar —o, en muchos casos, la resaca que tuvieran que soportar—. Burkeman nos recuerda la observación del reconocido artista Chuck Close de que: «La inspiración es para los aficionados. El resto de nosotros simplemente nos levantamos y nos ponemos a trabajar».

Entonces, si estás sentado allí, aplazando algo porque no tienes ganas de hacerlo, recuerda que no necesitas sentir ganas de hacerlo. *En realidad, no hay nada que te impida hacerlo.*

# Razón 3: Estás posponiendo algo porque es difícil, aburrido y sencillamente desagradable

## Solución: Emplea la planificación «si... entonces»

Con demasiada frecuencia, tratamos de resolver este problema en particular con gran voluntad: *la próxima vez, me obligaré a comenzar a trabajar en esto antes.* Por supuesto, si realmente tuviéramos la fuerza de voluntad para hacer eso, nunca lo pospondríamos (véase el capítulo 18, «Ante las distracciones, necesitamos fuerza de voluntad»). Los estudios demuestran que las personas suelen sobreestimar su capacidad de autocontrol y con demasiada frecuencia dependen de esa capacidad para mantenerse alejadas de los apuros.

Hazte un favor y acepta el hecho de que tu fuerza de voluntad es limitada y de que no siempre estarás a la altura del reto de conseguir hacer cosas que te parezcan difíciles, tediosas o terribles. En lugar de ello, usa el «si... entonces» cuando planifiques la realización del trabajo.

Hacer un plan «si... entonces» es más que decidir qué pasos específicos debes seguir para completar un proyecto; también estás decidiendo dónde y cuándo los vas a dar.

**Si** son las dos del mediodía, **entonces** dejaré lo que estoy haciendo y comenzaré a trabajar en el informe que Bob me pidió.

**Si** mi jefe no dice nada de mi solicitud de aumento de sueldo en nuestra reunión, **entonces** lo volveré a plantear antes de que termine la reunión.

Al decidir de antemano qué vas a hacer *exactamente*, y cuándo y dónde vas a hacerlo, no cabe la menor duda cuando llega el momento. No cabe el *¿tengo que hacer esto ahora realmente?*, ni *¿puede esperar hasta más tarde?*, o el *tal vez debería hacer otra cosa.* Es cuando dudamos cuando la fuerza de voluntad se vuelve necesaria para tomar la decisión difícil. Pero los planes «si... entonces» reducen drásticamente las demandas que le impones a tu fuerza de voluntad al garantizar que tomarás la decisión correcta antes del momento crítico. De hecho, la planificación «sí... entonces» ha demostrado en más de 200 estudios que aumenta las tasas de logro de objetivos y la productividad entre un 200% y un 300%, en promedio.

Comprendo que las tres estrategias que te ofrezco —pensar en las consecuencias del fracaso, ignorar tus sentimientos y realizar una planificación detallada— no son tan divertidas como las que te dictan «¡Sigue tu pasión!» o «¡Mantente positivo!». Pero tienen la ventaja decisiva de ser realmente *eficaces*, lo cual es exactamente lo que sucederá si las aplicas.

---

La doctora en filosofía **Heidi Grant, PhD** es investigadora sénior en Instituto de Neuroliderazgo y directora asociada del Centro de Ciencias de la Motivación de la Universidad de Columbia. Es autora del superventas *Nine Things Successful People Do Differently* (Harvard Business Review Press, 2012). Su último libro es *No One Understands You and What to Do About It* (Harvard Business Review Press, 2015), que ha sido reseñado en medios nacionales e internacionales. Síguela en Twitter: @heidigrantphd.

# CAPÍTULO 26

# Cómo vencer la procrastinación

**Caroline Webb**

La tendencia a posponer tareas, o procrastinación, tiene muchos disfraces. Podemos decidir empezar una tarea, pero encontramos infinitas razones para aplazarla. Podemos dar prioridad a las cosas más fáciles de tachar de nuestra lista de tareas, como responder a correos electrónicos, por ejemplo, y dejamos lo más importante y complejo intacto para otro día. Podemos parecer ocupados y sentirnos así, evitando hábilmente las tareas que realmente importan. Pero cuando miramos la parte inferior de nuestra lista de tareas pendientes y vemos esos asuntos que están ahí, intactos, durante mucho tiempo, no podemos evitar sentirnos un poco decepcionados con nosotros mismos.

---

Adaptado del contenido publicado en hbr.org el 29 de julio de 2016.

El problema es que nuestros cerebros están programados para posponer las cosas. En general, todos tendemos a esforzarnos en tareas que prometen un *futuro* beneficio a cambio de los esfuerzos que hacemos ahora. Esto se debe a que nuestro cerebro procesa con mayor facilidad cosas concretas que abstractas, y el esfuerzo inmediato es muy tangible en comparación con esos beneficios futuros desconocidos e inciertos. De modo que, en nuestras mentes, el esfuerzo a corto plazo domina con facilidad sobre la ventaja positiva a largo plazo, un ejemplo de algo que los especialistas en ciencias del comportamiento llaman *sesgo hacia el presente.*

¿Cómo puedes ser menos miope respecto a tus tareas escurridizas? Se trata de reequilibrar el análisis de coste-beneficio: haz que los beneficios de la acción parezcan más grandes y que los costes de la acción sean más pequeños. La recompensa de hacer una tarea molesta debe percibirse como mayor que el esfuerzo inmediato de afrontarla.

## Haz que los beneficios de la acción parezcan mayores y más reales

### *Imagina lo genial que será hacerlo*

Los investigadores han descubierto que es más probable que las personas ahorren para su futura jubilación si se les muestran fotografías envejecidas digitalmente. ¿Por qué? Porque hace que su apariencia futura parezca más real, y esto hace que los beneficios futuros de ahorrar también se vean como más importantes. Cuando aplicas una versión simplificada de esta técnica a cualquier tarea que has estado evitando, tomándote un momento para hacerte una imagen mental que represente los beneficios de hacerla, a veces puede ser suficiente para despegar. Entonces, si estás evitando una llamada o si estás posponiendo un mensaje de correo electrónico, ayuda a tu cerebro imaginando la sensación de satisfacción moral que tendrás una vez que lo hayas hecho y tal vez también la expresión de alivio en la cara de alguien cuando obtenga de ti lo que necesitaba.

### Comprométete por anticipado públicamente

Decirle a la gente que vamos a hacer algo puede ampliar el atractivo de ponerse en marcha, porque el sistema de recompensa de nuestro cerebro es muy receptivo a nuestra posición social. La investigación ha descubierto que nos importa mucho si somos respetados por otros, incluso por desconocidos. La mayoría de nosotros no queremos que los demás piensen que somos tontos o perezosos. Entonces, al atreverte a decir «te enviaré el informe al final del día», agregas beneficios sociales para cumplir con tu promesa, algo que puede bastar para empujarte a hacerlo.

### Afronta el lado negativo de la inacción

Somos extrañamente reacios a evaluar correctamente el estado de las cosas, según han mostrado las investigaciones. Si bien podemos sopesar los pros y los contras de hacer algo nuevo, con mucha menos frecuencia consideramos los pros y los contras de no hacerlo. Esto se conoce como *sesgo de omisión*, y a menudo nos lleva a ignorar algunos beneficios obvios de hacer las cosas. Supongamos que postergas repetidamente la preparación necesaria para una próxima reunión. Te sientes tentado por tareas más estimulantes, así que te dices que puedes hacerlo mañana —o pasado mañana—. Pero oblígate a pensar en las desventajas de posponerlo, y te darás cuenta de que mañana será demasiado tarde para obtener la información que realmente necesitas de tus colegas. Si te mueves ahora, tienes la mitad de posibilidades de alcanzarlos a tiempo, así que finalmente tus engranajes entran en acción.

## Haz que los costes de la acción parezcan menores

### Identifica el primer paso

A veces nos atemoriza la tarea que estamos evitando. Podemos tener que «aprender francés» en nuestra lista de tareas pendientes, pero ¿quién puede hacer que eso encaje a media tarde? El truco aquí consiste en dividir tareas grandes y sin forma definida en pequeños pasos que no parezcan tan arduos. Mejor aún: haz que el primer paso sea *pequeño*, algo tan fácil que incluso tu cerebro predispuesto a pensar en el presente pueda ver que los beneficios superan a los costes del esfuerzo. Entonces, en lugar de «aprender francés», puedes decidir «enviar un correo electrónico a Nicole para pedirle consejo sobre cómo aprender francés». Cumple esa pequeña meta y te sentirás más motivado para dar el siguiente paso que si hubieras continuado castigándote por tu falta de habilidades lingüísticas.

### Vincula el primer paso a un regalo

Podemos hacer que el coste del esfuerzo parezca aún menor si vinculamos ese pequeño paso con algo que realmente estamos deseando hacer. En otras palabras, relaciona la tarea que estás evitando con algo que *no* estés evitando. Por ejemplo, puedes permitirte leer libros o revistas de cotilleo cuando estés en el gimnasio, porque el placer culpable ayuda a diluir el «coste» del ejercicio a corto plazo que percibe tu cerebro. Del mismo modo, puedes hacer acopio de la autodisciplina necesaria para completar una tarea resbaladiza si te prometes que lo harás en un agradable café con una de tus bebidas favoritas a mano.

## Eliminar el bloqueo oculto

A veces nos encontramos volviendo a una tarea reiteradamente, todavía no estamos dispuestos a dar el primer paso. Escuchamos una vocecita en nuestra cabeza que dice: «Sí, buena idea, pero... no». En este punto, tenemos que hacerle algunas preguntas a esa voz, para descubrir qué es lo que realmente hace que sea poco atractivo tomar medidas. Esto no necesariamente requiere psicoterapia. Con paciencia, hazte algunas preguntas sobre «por qué»: «¿por qué parece difícil hacer esto?» y «¿por qué ocurre?», y el bloqueo puede aflorar con bastante rapidez. A menudo, el problema es que hay un compromiso perfectamente noble que está compitiendo y mina tu motivación. Por ejemplo, supón que por la mañana temprano te cuesta mantener una rutina para establecer los objetivos del día. Algunos porqués podrían sacar a la luz que el problema es tu deseo igualmente fuerte de desayunar con tu familia. Una vez que has puesto en evidencia el conflicto, es más probable que encuentres una manera de superarlo, tal vez estableciendo tus metas diarias la noche anterior o en tu desplazamiento al trabajo.

Entonces, la próxima vez que te encuentres confundido por tu incapacidad para realizar tareas importantes, sé amable contigo mismo. Reconoce que tu cerebro necesita ayuda si tiene que ser menos corto de vista. Intenta dar al menos un paso para que los beneficios de la acción sean mayores y uno para que los costes de la acción sean menores. Tu lista de tareas pendientes te lo agradecerá.

———————

**Caroline Webb** es la autora de *Cómo tener un buen día: pensar en grande, sentirse mejor y transformar tu vida laboral.* También es directora ejecutiva de *coaching* de la firma Sevenshift y asesora principal de McKinsey & Company. Síguela en Facebook, Google+ y en Twitter: @caroline_webb_.

# CAPÍTULO 27

# Qué hacer cuando empiezas a sentirte agotado

**Monique Valcour**

El agotamiento duele. Cuando te quemas en el trabajo, te sientes apagado, como si una parte de ti se hubiera anulado. Los retos que antes podías resolver, ahora te parecen insuperables. Es el extremo opuesto en el espectro del compromiso. Un trabajador comprometido está energizado e implicado, y su rendimiento es alto; uno «quemado» se siente exhausto, escéptico y abrumado.

La investigación muestra que el agotamiento tiene tres dimensiones: agotamiento emocional, despersonalización y disminución de los logros personales. Cuando estás ago-

---

Adaptado del contenido publicado en hbr.org el 20 de junio de 2016.

tado emocionalmente, te sientes consumido, pero no solo emocionalmente, sino también física y cognitivamente. No puedes concentrarte. Te molestas o te enfadas con facilidad, enfermas con más frecuencia y tienes dificultades para dormir. La despersonalización aparece en forma de sentimientos de aislamiento y escepticismo hacia las personas con las que debes trabajar. Uno de mis clientes de *coaching* resumió así la despersonalización: «Me veo como en una obra de teatro. Conozco mi papel, puedo recitar mi guión, pero no me importa». Y lo que es peor, aunque no puedas imaginar seguir así durante más tiempo, no ves una posible salida a esa situación.

La tercera dimensión del agotamiento —la disminución de logros personales— atrapa a muchos empleados y los lleva a situaciones de sufrimiento. Cuando te agotas totalmente, tu capacidad de rendimiento queda afectada, al igual que la confianza en ti mismo. Desafortunadamente, los superiores de un empleado agotado pueden malinterpretar la situación y pensar que tienen a un trabajador de bajo rendimiento que no coopera, y no a una persona en crisis. Cuando ese es el caso, es poco probable que obtenga la ayuda que tanto necesita.

El desgaste se presenta cuando las exigencias que tienen las personas en el trabajo superan a los recursos que disponen para satisfacerlas, según las investigaciones. Ciertos tipos de exigencias tienen una mayor probabilidad de ser una carga que conduzca a las personas al agotamiento; especialmente, un gran volumen de trabajo, una presión intensa y las expectativas poco claras o contradictorias. Un ambiente interpersonal enrarecido —en forma de desautorizaciones, de traiciones, de faltas de educación o de baja confianza— es un caldo de cultivo para el agotamiento, porque se requiere un enorme esfuerzo emocional para afrontar la situación. El conflicto de funciones, que se da cuando las expectativas sobre el desempeño de un papel que es importante para ti entran en conflicto con las de otros, también aumenta el riesgo de agotamiento. Esto puede ocurrir, por ejemplo, cuando las exigencias de tu trabajo te impiden pasar el tiempo adecuado con tus seres queridos, o cuando la forma en que se espera que actúes en el trabajo colisiona con tu sentido de identidad.

Si crees que podrías estar experimentado agotamiento, no lo ignores; no desaparecerá solo. Las consecuencias del agotamiento para las personas son graves; entre ellas, enfermedad coronaria, hipertensión, problemas gastrointestinales, depresión, ansiedad, incremento del consumo de alcohol y drogas, conflictos de pareja y familiares, alienación, baja autoestima y disminución de las perspectivas laborales. Los costes para las empresas incluyen: menor rendimiento, absentismo, necesidad de sustitutos, aumento del riesgo de accidentes, baja moral y poco compromiso, escepticismo y menos voluntad de ayudar a los demás.

Para volver a prosperar, es esencial comprender que el agotamiento es fundamentalmente un estado de falta de recursos. De la misma manera que no puedes continuar conduciendo un automóvil que se ha quedado sin combustible solo porque te gustaría llegar a casa, no puedes superar el agotamiento simplemente decidiendo «recuperarte». Recuperarse del agotamiento e impedir su recurrencia requiere tres medidas: reponer los recursos perdidos, evitar una mayor merma de los recursos y encontrar o crear una fuente de recursos para el futuro. Muchos recursos son vitales para nuestro rendimiento y bienestar, desde cualidades personales como habilidades, estabilidad emocional y buena salud, hasta relaciones de apoyo con colegas, autonomía y control en el trabajo, *feedback* constructivo, poder participar en los asuntos que nos afectan y sentir que nuestro trabajo marca una diferencia. Prueba los siguientes pasos para combatir el agotamiento.

**Da prioridad máxima al cuidado de ti mismo para reponer tus recursos personales.** Empieza por ir al médico y obtener una evaluación médica objetiva. Yo animo a mis clientes a que aprendan de las instrucciones de seguridad que se dan al comienzo de cada vuelo, que indican a los pasajeros «que se pongan su propia máscara de oxígeno antes de ayudar a los demás». Si quieres mejorar tu rendimiento, necesitas reforzar tu capacidad para hacerlo. Da prioridad a los buenos hábitos de sueño, a la nutrición, al ejercicio, a la conexión con las personas con quien disfrutas y a las prácticas que promueven la calma y el bienestar, como la meditación, la escritura de diarios, la terapia de conversación o simplemente tiempo tranquilo haciendo una actividad que te guste.

**Analiza tu situación actual. Quizás ya sepas qué es lo que te está agotando.** Si no, intenta esto: haz un seguimiento de cómo pasas tu tiempo durante una semana —puedes hacerlo en papel, en una hoja de cálculo o en una de las muchas aplicaciones disponibles para el seguimiento del tiempo—. Para cada bloque de tiempo, anota lo que estás haciendo, con quién estás, cómo te sientes —por ejemplo, usa una escala de 1 a 10, en la que 1 es enojado o deprimido y 10 es alegre o con energía— y cuál es el valor de la actividad para ti. Esto te da una base para decidir dónde hacer cambios que tengan el mayor impacto. Supón que tienes un medidor de combustible que puedes verificar para conocer el nivel de tus recursos personales (físicos, mentales y emocionales) en cualquier momento. El principio básico es limitar tu exposición a las tareas, personas y situaciones que te agotan y aumentar tu exposición a las que te reponen.

*Reducir la exposición a factores estresantes del trabajo.* Tus circunstancias pueden justificar una reducción en tu carga de tareas, horas de dedicación o incluso tomarte un tiempo fuera del trabajo. Utiliza como guía tu análisis del tiempo y del estado de ánimo o del nivel de energía asociados, además del valor de la actividad, y en la medida de lo posible, abandona las actividades que te causan una frustración elevada y que tienen bajo valor. Si descubres que hay ciertas relaciones que son especialmente agotadoras, limita tu contacto con esas personas. Reflexiona para saber si tienes tendencias perfeccionistas; si es así, liberarlas de forma consciente reducirá tu nivel de estrés. Delega las cosas que no es necesario que hagas personalmente. Comprométete a desconectarte del trabajo por la noche y los fines de semana.

*Aumenta tus recursos de trabajo.* Prioriza pasar tiempo realizando las actividades que mayor valor y energía te aporten. Ponte en contacto con personas de confianza y disfruta en el trabajo. Busca maneras de interactuar más con personas que te resulten estimulantes. Habla con tu jefe sobre los recursos que necesitas para alcanzar tu mejor rendimiento. Por ejemplo, si careces de determinadas habilidades, solicita capacitación y apoyo para un mayor rendimiento, como *feedback* regular y tutorías de algún colega capacitado. Haz una lluvia de ideas con tus colegas sobre formas de modificar los procesos de trabajo para que todos tengan más recursos. Por ejemplo, puedes establecer un «sistema de alerta temprana» mediante el cual las personas busquen ayuda tan pronto como se den cuenta de que sobrepasarán una fecha límite. También puedes aceptar verificar regularmente el nivel general de recursos del equipo y adoptar medidas para reponerlo cuando sea bajo.

**Aprovecha la oportunidad para replantearte el trabajo.** Cambiar algunas cosas sobre tu trabajo está dentro de tu área de influencia; otras no. Si, por ejemplo, la cultura de su organización se caracteriza por descortesías generalizadas, es poco probable que prosperes en un lugar así. O, si el contenido del trabajo no tiene relación alguna con lo que más te importa, buscar un trabajo con más significado para ti puede ser un paso esencial para desarrollarte. Ningún trabajo se merece que sacrifiques tu salud, tu cordura o tu alma. Para muchas personas, el agotamiento es la palanca que les impulsa a parar, evaluar y crear una carrera más satisfactoria de lo que habían imaginado antes.

---

**Monique Valcour** es académica de gestión, además de *coach* y consultora.

# CAPÍTULO 28

# Los pronombres cuentan cuando preparas tu mente para algo importante

**Ozlem Ayduk y Ethan Kross**

Algunas personas parecen tener una capacidad increíble para mantener su racionalidad en cualquier situación. Toman decisiones claras y acertadas de manera eficiente, mientras que el resto empleamos la energía en cosas como en entrar en pánico pensando en las próximas tareas, en reflexionar inútilmente o en negarnos a dejar

Adaptado del contenido publicado en hbr.org el 6 de febrero de 2015.

atrás nuestros fracasos. Los racionalistas con la cabeza fría también parecen expertos en salir adelante, mientras los demás seguimos sumidos en nuestros hábitos de pensamientos demasiado humanos y sesgados. ¿Podremos llegar a ser como ellos algún día? El abismo entre los dos tipos de personas parece enorme e insalvable.

Pero no lo es. Se puede cruzar mediante un simple cambio lingüístico.

«Tú». O «él». O «ella». O incluso a través de tu propio nombre.

**Es una cuestión de cómo hablas cuando te hablas en silencio a ti mismo**, como probablemente haces a menudo; en especial, cuando te enfrentas a una tarea difícil. ¿Dices algo como «depende de mí»? ¿O «puedo hacerlo»? ¿O dices «depende de ti» o te diriges a ti mismo por tu propio nombre?

La ganadora del premio Nobel Malala Yousafzai demostró el uso de este último enfoque cuando Jon Stewart le preguntó cómo se sintió cuando descubrió que estaba en una lista de objetivos talibanes. Tenía miedo, pero luego se imaginó cómo respondería si la atacaban: «Dije: "Si él viene, ¿qué harías, Malala?"... Entonces me respondía a mí misma: "Malala, solo coge un zapato y golpéalo"».

¿Representa este cambio de «yo» a «Malala» un simple capricho del habla? ¿O refleja algo más profundo, un proceso que le ayudó a manejar la seria amenaza a la que se enfrentaba?

Junto a siete de nuestros colegas, Jiyoung Park, Aleah Burson, Adrienne Dougherty, Holly Shablack y Ryan Bremner, de la Universidad de Michigan; Jason Moser del Estado de Michigan, y Emma Bruehlman-Senecal de

**FIGURA 28-1**

## Los pronombres importan cuando te pones nervioso

*Las personas que pensaban sobre sí mismas en segunda o tercera persona antes de dar un discurso lograron mejores desempeños y, después, reflexionaban menos que los que pensaban en primera persona.*

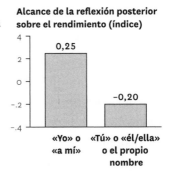

Fuente: Ethan Kross, Ozlem Ayduk y the *Journal of Personality and Social Psychology*

la Universidad de California en Berkeley, abordamos recientemente esta cuestión en una serie de experimentos. Descubrimos que incitar a las personas a reflexionar sobre experiencias emocionales intensas utilizando sus nombres y pronombres en segunda y tercera persona como «tú», «él» o «ella» les ayudaba a controlar sus pensamientos, sentimientos y comportamientos de forma sistemática.

Por ejemplo, en un estudio descubrimos que los participantes que silenciosamente se referían a sí mismos en segunda o tercera persona o que usaban sus propios nombres mientras se preparaban para un discurso de cinco minutos eran más tranquilos y más seguros y tenían mejor desempeño en la tarea que los que se referían a sí mismos usando «yo» o «a mí» (véase figura 28-1).

Los efectos también se extendían más allá de la tarea: las personas que habían usado pronombres en primera persona o sus nombres de pila sentían más positivamente su desempeño una vez que habían concluido su discurso. También experimentaron menos vergüenza y reflexionaron menos sobre el tema. Esas son grandes ventajas: reflexionar sin parar sobre las experiencias pasadas puede dañar no solo tu bienestar psicológico, sino también tu salud física.

No importó el que los sujetos de la investigación estuvieran ansiosos o tranquilos al principio del estudio; ambos tipos de personas obtuvieron ventajas solo con ese sutil cambio en el lenguaje.

Tampoco tuvo efectos distintos usar los pronombres en segunda o tercera persona o sus propios nombres. Todo lo que importaba era si los participantes usaban o no los pronombres en primera persona. Fue impresionante ver cómo un simple cambio en el lenguaje podía producir estos efectos. Una vez observamos el poder de este cambio sutil, ambos lo usamos intencionadamente. Uno de nosotros (Ozlem Ayduk) incluso es conocida por escribirse correos electrónicos a sí misma usando su nombre cuando se enfrenta a una tarea difícil. El otro (Ethan Kross) le pide a su hija de 5 años que use su propio nombre de forma habitual para pensar por qué se siente angustiada cuando no se sale con la suya.

Nuestros hallazgos son solo una pequeña parte de una corriente de investigación mucho más amplia sobre el autodiscurso, que está demostrando tener implicaciones de largo alcance para alterar la forma en que las personas pensamos, sentimos y nos comportamos. La conversación con uno mismo sin usar la primera persona no solo ayuda a desempeñarse mejor en situaciones de estrés y a controlar las propias emociones, sino que también ayuda a razonar con más sabiduría.

Nuestra investigación anterior indica que puede lograrse un efecto de autodistanciamiento al incitar a las personas a que adopten una perspectiva mental de observador silencioso de sus problemas. Cambiar la perspectiva visual de esa manera puede funcionar en situaciones en las que las personas tienen tiempo de reflexionar sobre experiencias que ya han ocurrido. Lo fascinante de los efectos del diálogo interno es que son útiles en situaciones en tiempo real que se desarrollan rápidamente. Cuando te encuentras en medio de una tarea o interactuando con otros, la sustitución del «yo» por el «tú» puede hacerse rápida y fácilmente, y los resultados pueden sorprenderte.

---

**Ozlem Ayduk** es profesora de psicología y directora del Laboratorio de Relaciones y Cognición Social de la Universidad de California en Berkeley. **Ethan Kross** es profesor de psicología y director del Laboratorio de Emoción y Autocontrol en la Universidad de Michigan.

# CAPÍTULO 29

# Mantente motivado cuando todos están de vacaciones

**Dorie Clark**

Durante la temporada de vacaciones, progresar aunque sea mínimamente puede parecer una tarea digna de Sísifo. No puedes programar esa reunión importante porque los participantes necesarios están de vacaciones. No tienes ni idea de dónde encontrar los datos que necesitas porque el personal analítico está desconectado. Y no puedes acabar la presentación del resumen de tu plan de negocios porque tu jefe no está cerca para darte el visto bueno. Estar en el trabajo puede parecer inútil y frustrante cuando eres el único que intenta mantener las cosas en el buen camino.

---

Adaptado del contenido publicado en hbr.org el 8 de agosto de 2016.

En los momentos en que sientes como si todos los demás estuvieran fuera de la oficina, ¿cómo puedes mantenerte motivado y hacer que tu tiempo en la oficina sea útil? Veamos tres perspectivas que se han de tener presentes.

## Dedícate al «trabajo profundo»

El profesor de informática de Georgetown Cal Newport argumenta que el «trabajo superficial» —las tareas tontas que ocupan nuestro día a día, como responder al correo electrónico— a menudo son necesarias para evitar que nos despidan. Pero dice que el secreto para lograr un éxito profesional extraordinario es nuestra capacidad para participar en lo que él llama «trabajo profundo». La mayoría de nosotros enviamos y recibimos un promedio de 122 correos electrónicos por día, y así es difícil reservar tiempo para trabajar en tareas importantes, como desarrollar tu estrategia de lanzamiento al mercado o lanzar un nuevo *podcast*. Pero, cuando todos están de vacaciones, la cantidad de mensajes entrantes desciende de forma drástica. Tendrás más libertad para programar bloques de tiempo ininterrumpidos que te permitan dedicarte a los proyectos importantes que has pospuesto y que podrían beneficiar tu carrera de forma significativa.

## Completar tareas menores

Si trabajar al ritmo más lento de una oficina vacía te hace sentir demasiado aletargado para abordar un trabajo profundo, también puedes aprovechar tu tiempo yendo en la dirección opuesta: dedicar un día o dos a completar tareas menores que han estado dificultando tu productividad durante todo el año. Todos tenemos una lista de proyectos que deberían acabarse, pero que nunca llegan a los primeros puestos de nuestra lista de tareas pendientes. Quizás debas organizar tu escritorio para poder encontrar tus archivos cuando los necesites, en lugar de perder minutos cada día buscando a tientas en una maraña de carpetas. Podrías encargarte de los informes de gastos que contabilidad ha estado pidiéndote, o escribir una carta de recomendación para tu antiguo pasante, o actualizar tu perfil de LinkedIn. Esas tareas nunca serán tan valiosas como el esfuerzo dedicado a tus principales prioridades estratégicas. Pero aún son tareas que tienes que acabar haciendo. Si te sientes temporalmente desmotivado, te darán una sensación de logro al final del día, a la vez que reduces tu lista de tareas, que ha crecido desmesuradamente.

## Construye tu red de contactos

La creación de redes de contactos es otra tarea que mucha gente considera importante, pero a la que no dedican mucha atención cuando el trabajo está animado. Sin embargo, cuando muchos de tus colegas están fuera de la oficina, son menos las personas que esperan una respuesta inmediata a sus mensajes, y nadie está mirando por encima del hombro para ver cuánto dura tu hora de la comida. Así que puede ser el momento perfecto para abordar a otros colegas, dentro o fuera de la organización. Si todavía están en la ciudad, pueden ser más receptivos de lo habitual a tu invitación para encontrarse. Queda para tomar un café o a una comida informal, para consolidar los contactos y obtener nuevos conocimientos del mercado que te harán más valioso para tus colegas cuando ellos se reincorporen a sus puestos.

Puede que te sientas desanimado cuando cada mensaje que envías recibe una respuesta automática que te recuerda que eres el único que no está de vacaciones. Pero la recompensa de mantener en funcionamiento la oficina es el tiempo sin interrupciones que dispones para realizar un trabajo importante, limpiar las telarañas que han estado obstaculizando tu productividad, relacionarte con tus colegas y construir una sólida red de contactos. Esas son las tareas que deberíamos realizar durante todo el año, pero con demasiada frecuencia nos vemos atrapados en los sobresaltos de las urgencias.

Obviamente, es más divertido si eres el que está de vacaciones. Pero, incluso si no es así, aún puedes disfrutar de las ventajas que tiene que los otros se tomen un descanso.

---

**Dorie Clark** es estratega de marketing y conferenciante profesional. Da clases en la Escuela de Negocios Fuqua de la Universidad de Duke. Es autora de *Reinventing You* (Harvard Business Review Press, 2013) y *Stand Out*, además de *Entrepreneurial You* (Harvard Business Review Press, 2017). Conoce mejor su trabajo en www.dorieclark.com.

# Sé más productivo durante tus viajes

No hay nada como viajar para interrumpir cualquier tipo de ritmo productivo del trabajo que hayas establecido en la oficina. Pero el trabajo no se detiene solo porque tengas que hacer el equipaje y marcharte a cualquier otro lugar.

Esta sección de la guía te ayudará a hacer más cosas cuando estés en movimiento.

# CAPÍTULO 30

# Cómo emplear productivamente el tiempo de los viajes

**Dorie Clark**

Escribo este artículo en un vuelo a Raleigh-Durham. Lo comencé la semana pasada en un tren desde la ciudad de Nueva York y agregué algunos párrafos un par de días después en un vuelo a San Francisco. No estoy sola: la Asociación Global de Viajes de Negocios predijo que el gasto en viajes de negocios alcanzaría un máximo histórico de 1,25 billones de dólares en 2015, un aumento del 6,5% con respecto al año anterior. Incluso en la era de las videoconferencias, las reuniones cara a cara siguen siendo una

---

Adaptado del contenido publicado en hbr.org el 5 de noviembre de 2015.

herramienta comercial irremplazable, y muchos de nosotros pasamos una gran parte del tiempo desplazándonos.

Por supuesto, la vida no se detiene cuando estás en el aire: los correos electrónicos continúan llegando, y los informes y las propuestas se envían sin importar desde donde. Aunque sea un día de viaje, es un día de trabajo. Pero mantener la productividad en un viaje, mientras te mueves por destinos desconocidos, cargando maletas pesadas y lidiando con retrasos e inconvenientes que no son raros, puede ser un desafío hercúleo. Veamos cómo conseguir más mientras estás en tránsito.

Participar en el desarrollo profesional **escuchando podcasts**. Muchos rituales en el aeropuerto son cortos y discontinuos: 5 minutos en una cola para que revisen tu equipaje, 10 minutos para pasar por seguridad, 5 minutos para llegar a la puerta de embarque y 10 minutos de cola para embarcar. Ciertamente no es posible sacar una computadora portátil y comenzar a escribir mientras estás de pie y haciendo malabares con tu tarjeta de embarque y tu identificación. En cambio, los *podcasts* son una forma perfecta que te deja las manos libres para mitigar tu molestia y aprender algo nuevo. Si un altavoz chisporrotea e interrumpe tu escucha, puedes retroceder con facilidad y reproducir lo que te perdiste. Hay innumerables *podcasts* disponibles sobre temas profesionales relevantes, desde asuntos legales hasta administración de proyectos, desde emprendimiento hasta marketing. HBR también tiene su propio *podcast* semanal.

Si tienes acceso a una sala del aeropuerto —un lugar más tranquilo—, también puedes emplear el tiempo para hacer **algunas llamadas telefónicas breves.** El experto en productividad David Allen, a quien cito en mi libro *Stand Out*, recomienda mantener una lista de «llamadas» para poder agrupar las que necesitas hacer y hacerlas de un tirón. Keith Ferrazzi, que escribe con frecuencia sobre redes, también defiende las llamadas telefónicas breves como una forma de mantener viva tu relación con contactos casuales. Por ejemplo, Facebook rastrea los cumpleaños de tus contactos; el gesto amable de hacer unas pocas llamadas rápidas de cumpleaños mientras esperas para embarcar puede alegrarle el día a alguien y cimentar vuestro vínculo.

Aunque el acceso a internet es cada vez más frecuente en los vuelos, todavía no es un hecho. Incluso cuando se ofrece conexión wi-fi, puede ser lenta o irregular. Por esa razón, suelo **concentrarme en escribir proyectos** que no requieren el uso de internet. Antes descargo toda la información necesaria y los materiales de apoyo, y luego me desconecto para acabar tareas como escribir artículos, editar capítulos de libros, hacer informes de clientes o responder preguntas de entrevistas que me he comprometido a hacer. La falta de acceso a internet a menudo me permite concentrarme mejor y evitar perderme en la documentación en internet, que puede retrasar mi escritura cuando estoy en la oficina.

Y recuerda que, como con todo, debe haber un equilibrio. Numerosos estudios han pregonado los beneficios de la «renovación estratégica». En lugar de utilizar todo tu tiempo en el avión para revisar los informes o preparar la plataforma de presentación, tómate un tiempo para ti. Disfruta de un tiempo de **lectura por placer** —consigue una revista o una novela de suspense en el quiosco del aeropuerto—. De hecho, de acuerdo con *Airport Revenue News*, el pasajero promedio gasta casi once dólares en el aeropuerto. Dedicarte un tiempo de inactividad lejos del ritmo acelerado del trabajo puede permitirte ser más agudo una vez que te pongas manos a la obra.

Los viajes se han convertido en una parte habitual de la vida laboral de muchos profesionales. Este año, los viajeros de negocios en Estados Unidos harán 488 millones de viajes, aproximadamente 1,3 millones por día. Con tantos viajes, no podemos darnos el lujo de perder días en tránsito; usar ese tiempo sabiamente es esencial para hacer nuestro trabajo. Con estos consejos, puedes asegurarte de que un día de viaje no te impide seguir avanzando en tu carrera.

---

**Dorie Clark** es estratega de marketing y conferenciante profesional que da clases en la Escuela de negocios Fuqua de la Universidad de Duke. Es autora de *Reinventing You* (Harvard Business Review Press, 2013) y *Stand Out*, además de *Entrepreneurial You* (Harvard Business Review Press, 2017). Conoce mejor su trabajo en www.dorieclark.com.

# CAPÍTULO 31

# Cómo acabar el trabajo mientras viajas

**Joseph Grenny**

Una conversación de hace veinticinco años me cambió los viajes de negocios para siempre. Mi socio comercial, Kerry Patterson, y yo estábamos hablando del libro que queríamos escribir. Habíamos estado hablando de ello durante un par de años, pero no habíamos avanzando. Bueno, siendo sincero: yo no había avanzado. Kerry aparecía con montones de ideas fascinantes escritas en prosa pulida, mientras yo tenía una servilleta de avión manchada con dibujos de lápices de colores. Yo murmuraba una disculpa por mi miserable colaboración, pero señalaba los veinte

---

Adaptado del contenido publicado en hbr.org el 9 de noviembre de 2015.

días que había estado viajando el mes anterior. Después de muchos de estos intercambios, Kerry me miró y dijo: «Joseph, los escritores escriben».

Su observación me llegó al alma. Estaba claro que mi carrera como consultor implicaba muchos viajes, y lo que hiciera durante ese tiempo dependía de mí. Desde entonces, Kerry, nuestros colegas de VitalSmarts y yo hemos sido coautores de cinco libros y de cientos de artículos científicos y para revistas generales, y he desarrollado docenas de cursos de capacitación de gran éxito de ventas, todo mientras viajaba más de cien días al año.

Para mí, la clave para ser productivo mientras viajo por el mundo es pensar en mí mismo en tercera persona, como alguien a quien necesito respaldar cuidadosa y deliberadamente. Aquí explico cómo lo hago, ¡y muchos de esos recursos me sirvieron para poder escribir este mismo artículo!

## Programa citas contigo mismo

Los economistas conductuales han demostrado que tomar buenas decisiones es fácil si no tienes que llevarlas a cabo al momento. Si me pides que elija una comida para la próxima semana, es probable que opte por platos más saludables que cuando la boca se me está haciendo agua viendo los platos que puedo comer en este preciso instante. El fenómeno se conoce como *descuento hiperbólico*: la tendencia a sobrevalorar las recompensas ahora, y a infravalorar las ventajas más a largo plazo. Este sesgo cognitivo funciona a mi favor cuando me engaño a mí mismo para fijar compromisos que mantendré durante cierto tiempo en el futuro. Soy fiel a mi calendario; si dice que se supone que debo hacer algo, tiendo a hacerlo. Así que reservo amplios bloques de tiempo sin actividad durante el viaje; por ejemplo, en un viaje en avión de cinco horas desde San Francisco a Nueva York. Esta semana llegué a mi hotel en Indianápolis, abrí mi calendario y vi una entrada que me impuse la semana pasada. De 4 h a 5 h de la tarde, el horario indicaba que debía «esbozar el borrador del artículo de HBR». Así que lo hice.

## Detente antes de terminar

Cuando tengo que completar tareas largas, de esas que requieren varias sesiones de trabajo, intento detener mi trabajo cuando llego a un punto que me facilite —y me haga más agradable— retomarlo más tarde. Por ejemplo, si estoy en un buen momento escribiendo una historia que estoy disfrutando, me detengo intencionadamente antes de terminar, así seguramente volveré a tener ganas de retomarla. El apartado anterior sobre tu calendario era una pequeña pieza de engaño motivacional —recuerda que solo me comprometí a «esbozar» este artículo—. Me parece que procrastino más en esta parte de la escritura. Pero, una vez que he terminado un borrador, disfruto dándole cuerpo a algunas de sus partes. Limité mi tiempo para terminar el artículo difícil, por lo que me siento entusiasmado de retomarlo más tarde.

## Crea episodios satisfactorios

El psicólogo Roy Baumeister ha demostrado que tu motivación es un recurso finito. Esto me parece especialmente evidente en la rutina de los viajes de negocios, cuando mi motivación es baja. Si pienso en mí mismo en primera persona, tiendo a ser despiadado, castigándome por no haber hecho nada. Cuando pienso en mí mismo en tercera persona, tiendo a ser más comprensivo con este recurso limitado. Pregunto: «¿Cómo puedo maximizar la motivación de Joseph?». En lugar de obligarme a escribir a marcha forzada en un vuelo de cinco horas, elijo una parte de esa tarea que creo que merece la pena hacer y me haría sentir satisfecho al terminarla. Por ejemplo, mientras subía a mi vuelo a Indiana, pensé: «Si puedo personalizar mi presentación para mañana y vaciar mi bandeja de entrada, me sentiré liberado». Y eso fue lo que hice.

## Siente las endorfinas

Las personas ocupadas tienden a no disfrutar de las endorfinas que se obtienen al completar una tarea. Desarrolla el hábito de parar y *sentir* la satisfacción de terminar un bloque de trabajo. Siéntate en tu asiento en el avión o relájate en la cama de tu hotel y disfruta de la alegría de haber terminado algo difícil. Tomarte un momento como ese crea nuevas conexiones neuronales que asocian la productividad con el placer, en lugar de con el resentimiento.

## Usa el poder del bloc de notas

El momento de entrar por primera vez a una habitación de hotel es crucial para mí. Me di cuenta de que durante años, mi ritual había sido encontrar el mando a distancia del televisor y encenderlo para conectar con la CNN. Luego, configuraba mi portátil y compraba el acceso al wi-fi del hotel. Mientras se descargaba una avalancha de correos electrónicos, empezaba a tomar posesión de mi armario y de mi cuarto de baño. Cada vez que seguía este ritual, ocurría algo en el televisor o en mi bandeja de entrada que me absorbía y afectaba a mi productividad. Ahora utilizo otro truco conmigo mismo. Me gusta de forma casi vergonzosa marcar casillas. Así que ahora, cuando entro en mi habitación de hotel, pongo mi libreta de papel sobre el escritorio y escribo una lista de cinco cosas que quiero hacer antes de cenar. Entonces, y aquí está la parte de no tan alta tecnología, dibujo una pequeña casilla vacía al lado de cada tarea. De esa manera, me siento obligado a hacerlas.

## Recompénsate

Una de las razones por las cuales las personas pierden su entusiasmo para ser más eficientes y productivas es porque puede parecer una rutina implacable: siempre hay más por hacer. No te consumas. Si tengo un vuelo largo, me ocupo de algunos compromisos razonables para completar tareas, pero también reservo un tiempo para relajarme y disfrutar. Trátate como tratarías a un empleado valioso: felicítate y anímate por las excelentes cosas que haces.

Los viajes de negocios han sido una bendición para mí en los últimos 30 años, una época en la que he realizado algunos de mis mejores trabajos. Sin embargo, no habría terminado así si Kerry no me hubiera dejado ver que estaba usando los viajes como una excusa, en lugar de como una oportunidad.

---

**Joseph Grenny** es autor de cuatro libros superventas de la lista del *New York Times*, es un importante conferenciante y reconocido científico social sobre rendimiento empresarial. Su trabajo se ha traducido a 28 idiomas, puede encontrarse en 36 países y ha generado resultados para trescientas empresas *Fortune 500*. Es cofundador de VitalSmarts, una empresa inovadora en formación corporativa y en desarrollo de liderazgo.

# Tómate un tiempo libre

Algunas veces parece que tomarse unas vacaciones apenas vale la pena. Tomarte vacaciones significa que, antes de irte, has de trabajar horas extra tratando de acabar lo que debe quedar terminado. Una vez fuera, es posible que tengas que atender solicitudes urgentes o afrontar los problemas que vayan surgiendo. Y, luego, tienes que soportar el estrés posvacacional, cuando vuelves a afrontar todo el trabajo y los mensajes que se han acumulado en tu ausencia.

Esta sección de la guía te ayudará a prepararte para tomar vacaciones y a reincorporarte a tu trabajo después de ellas, para que puedas disfrutar del tiempo libre y regresar a tu rutina de forma que los efectos positivos del tiempo libre no se anulen.

# CAPÍTULO 32

# Ir de vacaciones no tiene que causar estrés en el trabajo

**Elizabeth Grace Saunders**

Las vacaciones son la materia con la que se construyen los sueños y los anuncios de cruceros. Idealmente, vuelves de vacaciones fresco, recargado y listo para funcionar. Pero, a veces, sucede todo lo contrario. ¿Quién de nosotros no ha dicho en algún momento, por lo general el día antes de irnos: «Intentar hacer estas vacaciones es tan estresante que habría sido mil veces mejor no ir». En algunas ocasiones, el estrés de las vacaciones es inevitable, pero la mayoría de las veces es manejable si nos preparamos para ello de manera más estratégica. Como propietaria de una

Adaptado del contenido publicado en hbr.org el 2 de junio de 2015.

empresa de formación y entrenamiento en la gestión del tiempo, descubrí que muchos de mis clientes decían que habían podido tomarse sus primeras vacaciones realmente vigorizantes en años utilizando las siguientes estrategias.

## Programación inicial de la oficina

Uno de los elementos más importantes para reducir el estrés en tus vacaciones es decidir con anticipación cuándo vas a tomarte un descanso. Esto te da la oportunidad de no asumir demasiados compromisos unos días antes y después de tus vacaciones. También te ofrece la oportunidad de tomar decisiones bien pensadas a medida que vas conociendo los detalles de tu viaje. Tener un tiempo de margen reduce el estrés hasta tal punto que uno de mis clientes, aficionado a los viajes de alto nivel, necesita programarlos con al menos tres meses de anticipación.

Una vez que sepas que quieres tomarte unas vacaciones, reserva inmediatamente esas fechas en tu calendario como «fuera de la oficina». Lo mejor es no hacer planes para ninguna tarea programada —por ejemplo, teleconferencias— mientras viajas. De esta manera, las únicas actividades de trabajo que podrías terminar haciendo durante tus vacaciones son realmente inesperadas y urgentes. Sin duda, es posible que tengas que hacer una o dos cosas mientras estás ausente, así es la vida, pero debes evitar tener que hacer tu trabajo habitual durante tu tiempo fuera de la oficina.

Aunque tengas la tentación de hacer tantas reuniones como sea posible antes y después de un viaje, terminarás sintiéndote más relajado si creas una valla protectora alrededor de tus vacaciones. Programa la fecha para concluir proyectos, atender correos electrónicos importantes y asistir a reuniones verdaderamente urgentes de modo que sea unos días antes de irte. Reserva al menos el primer día que regresas a la oficina para centrarte de nuevo en tu trabajo y limpiar tu bandeja de entrada. En la oficina sucede lo mismo que en tu casa: deshacer rápidamente las maletas y ordenarlo todo es mejor que tardar días o semanas en vaciarlas.

## Planificación inicial del viaje

La forma de estructurar tu viaje también tiene un impacto significativo en lo renovado que te sentirás al regresar. Recomiendo que te tomes al menos medio día de descanso antes de irte, para que tengas un margen de maniobra para abordar cualquier detalle final sobre el equipaje o los recados. Cuando compres tus vuelos, vale la pena gastarte algo más para que puedas viajar en horas razonables. Tener que levantarse a las 3:00 de la madrugada para llegar a un vuelo no te mantendrá en un buen estado de ánimo en tus viajes, y no dormir lo suficiente aumenta las probabilidades de que enfermes. Como vas a planificarlo todo con bastante anticipación, encontrarás vuelos más económicos a horas razonables.

Al planificar actividades, no solo pienses en lo que quieres ver o hacer, piensa también en el tipo de experiencia que deseas vivir. El hecho de estar en París por primera vez no significa que debas ir a todos los museos del mapa. Puedes descubrir que te sientes mucho más feliz y fresco pasando tiempo en algunos lugares importantes y luego dándote el lujo de sentarte en un café unas horas o dar un paseo.

Si viajas con niños, céntrate en la simplicidad; especialmente, con niños muy pequeños, que están bastante contentos si tienen un grupo para jugar y un ritmo más lento. Planifica pensando que todo llevará más tiempo del que esperas y relájate pensando que estás de vacaciones, así que eso está bien.

## La semana antes de irte

*En casa.* Si tus planes son tomarte unas vacaciones largas, empieza pronto a hacer las maletas, o al menos a hacer las compras necesarias. Me parece que reservar ese tiempo el fin de semana anterior a la última semana de trabajo reduce drásticamente el número de viajes de última hora a la farmacia o a la peluquería.

*En el trabajo.* Coordínate con tus colegas para que todos tengan expectativas claras de lo que harás y lo que no harás mientras estés fuera de la oficina. Eso podría significar dar a otros la autoridad para que tomen decisiones sobre ciertos proyectos, o que sepan en qué situaciones deberían contactar contigo.

Usa con inteligencia tu mensaje automático de notificación de ausencia en tu correo electrónico y en tu teléfono. Me gusta decir que estoy fuera de la oficina hasta la fecha X y que devolveré los mensajes tan pronto como me sea posible después de esa fecha. Eso establece la expectativa de que no responderé mientras estoy de vacaciones y también que pueden pasar algunos días hasta que responda después de haber regresado a la oficina. Además, si activas la respuesta automática un día antes de tu ausencia efectiva, te resultará más fácil salir de la oficina a tiempo, puesto que podrás prestar atención a lo que es más esencial durante tu último día en el trabajo.

## La semana en que regresas

Para maximizar los efectos relajantes de tus vacaciones, ten a mano un buen plan de reincorporación. Llega a tu casa un día antes, o al menos temprano, para tener tiempo de deshacer el equipaje, de poner la lavadora y de dormir bien por la noche. Haz un plan para el día siguiente, para tener una idea clara de cómo abordar tu primer día de regreso a la oficina. Finalmente, en lugar de pensar en que ya no estás de vacaciones, piensa en lo positivo que ha sido el tiempo que has pasado fuera y agradécelo. La gratitud crea alegría, que puede ayudarte a pasar el shock inicial de regresar a la «vida real».

Mientras planifiques tu próxima escapada, aplica estas estrategias para hacer que sea verdaderamente revitalizante.

———————

**Elizabeth Grace Saunders** es la autora de *How to Invest Your Time Like Money* (Harvard Business Review Press, 2015), es *coach* de gestión del tiempo y fundadora de Real Life E Time Coaching & Training. Accede a más información en www.RealLife E.com.

# CAPÍTULO 33

# No te obsesiones con acabar todo antes de marcharte de vacaciones

**Scott Edinger**

Como a la mayoría de las personas, me parece que la semana anterior a las vacaciones, cuando estoy intentando prepararme para afrontar cualquier eventualidad antes de irme, es una pesadilla. A primera vista, parece una buena idea: hacer tu trabajo —e idealmente, el trabajo que habrías hecho durante el tiempo en que estarás de vacaciones— y poder irte con la mente tranquila. Pero creo que he estado pensando en esto completamente al revés.

---

Adaptado del contenido publicado en hbr.org el 9 de junio de 2015.

Lejos de liberarte para disfrutar de ese tiempo fuera, lo que realmente está sucediendo es que estás robando energía del futuro para dejarlo todo listo y, como resultado, conviertes tu tiempo de relajación en un tiempo de recuperación. Solo necesito volver a mis últimas vacaciones para demostrar esto. A ver si esto te resulta familiar: estaba trabajando en algunos proyectos con plazos de entrega —autoimpuestos, por supuesto— y, durante los tres días previos a nuestra partida, invertí mucho más tiempo y energía de lo habitual. Me quedé despierto hasta muy tarde la noche antes de irme, trabajando hasta la madrugada. La cafeína y la emoción me ayudaron a seguir, pero a media tarde estaba destrozado. Me costó varios días recuperar el déficit de sueño y me perdí momentos divertidos con mi familia mientras dormía. Tres días en unas vacaciones de una semana no suponen un porcentaje pequeño. Peor aún, sé que fui mucho menos atento esos primeros días de lo que normalmente soy. Ciertamente no maximicé ese precioso e importante tiempo fuera del trabajo.

¿Cómo puedes evitar cometer los mismos errores que yo?

## Mantén tu horario habitual antes de las vacaciones

No te estoy sugiriendo que seas un vago, pero muchos de nosotros nos excedemos cuando hemos de terminar el trabajo antes de las vacaciones, pensando que lo compensaremos con el descanso durante nuestro tiempo libre. Eso es un error. Así que, en la medida de lo posible, trata de que la semana anterior a las vacaciones sea típica en términos de la energía que le pones o de las horas que le dedicas. Para aquellos que dicen que «corren todo el tiempo», piensa en la diferencia entre alta velocidad y tu máximo.

## Ponerse en contacto durante las vacaciones

No es necesario desconectarse por completo del trabajo mientras estás de vacaciones. Hay puristas de las vacaciones que creen que cualquier tipo de dedicación profesional durante ese período de descanso es una violación del tiempo de recarga. Luego, también están los que creen que está bien revisar el correo electrónico ocasionalmente para detectar problemas críticos. ¿Se puede llegar a algún tipo de compromiso que sea más provechoso?

Cuando sucumbes a la idea aparentemente sensata de utilizar los escasos momentos de inactividad de tus vacaciones para avanzar algo de trabajo, tu mente está lejos, como si estuvieras físicamente en la oficina, y todos tus compañeros lo saben. Si lo dudas, imagínate a tu pareja o a tus hijos sentados durante la cena con los ojos puestos en sus teléfonos móviles justo en el momento en que te viene a la cabeza una idea curiosa, sorprendente o divertida que querrías compartir con ellos.

Por lo tanto, la idea no es prohibir el contacto con el trabajo, sino establecer reglas básicas claras sobre cuándo dedicarle tiempo, con el reconocimiento explícito de que cuando estás comprometido en el trabajo, realmente no estás de vacaciones. No hay una forma correcta de hacerlo, pero esta es mi regla general: durante una semana de vacaciones, permanece al menos 72 horas consecutivas sin trabajar, sin correo electrónico y, si te atreves, sin pantallas. Para unas vacaciones más largas, ajusta el tiempo en consecuencia, y oscila entre las dos opciones. Luego, dedica solo de 30 a 60 minutos al día para verificar rápidamente problemas realmente urgentes. Esto te permite desconectar durante el resto del día.

Cuando probé esto, tuve una gran revelación acerca de cuántas veces compruebas el correo electrónico en el teléfono como un acto reflejo, en vez de como un hecho necesario. Le pedí a mi hijo de 11 años que tomara mi teléfono y solo me lo diera cuando necesitáramos verificar algo en línea relacionado con uno de nuestros juegos Trivia o con los planes de vacaciones. Me sorprendió ver la frecuencia con la que miraba mi teléfono por puro hábito y no por necesidad. Me recordé a mí mismo esos momentos embarazosamente frecuentes para levantar la vista, inspirar y observar algo que sucediera a mi alrededor. A medida que me impliqué más en el mundo real, descubrí que realmente me gustaba la sensación de no tener mi móvil durante unos días. Es decididamente liberador. Y cuando recuperé mi móvil en los días de regreso al trabajo, me resultó más fácil evitar que el correo electrónico me absorbiera.

## Acepta que el trabajo irá bien sin ti

Para poder irte de vacaciones de verdad, convéncete de que el mundo puede prescindir de ti durante ese tiempo. Esto es a la vez evidente, crítico y muy difícil de aceptar. No digo que no marques una diferencia, o incluso que no te echen de menos. Lo que estoy sugiriéndote es que cualquier impacto negativo será modesto y podrás mejorarlo rápidamente a tu regreso.

Soy dueño de mi propio negocio, por lo que todo aquello que pueda poner en riesgo su éxito es muy importante para mí y mi familia. Pero aun así, algo de la llamada «urgencia» que he creado no es urgente en absoluto. La mayoría de los plazos o expectativas con los clientes, el personal y yo pueden negociarse. Uno de mis clientes me dijo hace unos meses: «Realmente no tengo tiempo para tomarme estas vacaciones». Si estás asintiendo con la cabeza, ese es un indicio de que necesitas dar un paso atrás y pensar de forma realista en tus preocupaciones. Creo que hacerlas físicamente concretas, escribiendo una lista de tus preocupaciones, puede ayudar. Luego piensa en el impacto y en las peores consecuencias posibles de cada una. Espero que veas que rara vez son irrecuperables. Suma a eso la posibilidad de que algo ocurra en el nivel más grave, y estarás pensando claramente y verás que es posible tomarse un descanso.

Si hace que te sientas mejor, habla con tus compañeros, con tus subordinados y, tal vez, incluso con tu jefe a través del mismo proceso de pensamiento. Pídeles que consideren las implicaciones de tu tiempo libre y que piensen en los escenarios probables, así como en las probabilidades de que sucedan. Para muchos de nosotros, nuestro trabajo es una parte tan vital de nuestras vidas que tenemos una visión distorsionada de nuestra propia importancia. Cuando retrocedemos un paso y cambiamos nuestra perspectiva, nos damos permiso para no ser indispensables durante un tiempo. Lo más probable es que el mundo estará bien si sales durante una semana más o menos.

Invierte sabiamente en tu tiempo libre preparándote, cambiando tu forma de pensar y limitando tu compromiso con lo que sucede en la oficina, y así lograrás grandes cosas cuando regreses verdaderamente rejuvenecido.

------------

**Scott Edinger** es el fundador de Edinger Consulting Group. Es coautor del artículo de HBR «Making Yourself Indispensable». Su último libro es *El líder inspirador. Cómo motivan los líderes extraordinarios.*[1] Síguelo en Twitter: @ScottKEdinger.

------------

1   John H. Zenger, Joseph Folkman y Scott Edinger. *El líder inspirador. Cómo motivan los líderes extraordinarios.* Profit Editorial, 2009.

# CAPÍTULO 34

# Cómo aliviar las molestias de volver al trabajo después de un tiempo ausente

**Alexandra Samuel**

Por mucho que todos necesitemos un descanso, el día o la semana que regresamos al trabajo después de un tiempo libre a menudo nos preguntamos si la alegría de las vacaciones merecía la pena. Entre la acumulación de correos electrónicos, el sufrimiento de la readaptación y la lucha para entrar

Adaptado del contenido publicado en hbr.org el 8 de junio de 2015.

en tu ropa después de dos semanas comiéndote todas las galletas del mundo —esto es estrictamente hipotético—, puedes llegar a creer que necesitas otras vacaciones solo para recuperarte del estrés de reiniciar la rutina del trabajo. Pero un simple conjunto de prácticas y de herramientas digitales puede hacer que recuperar tu trabajo sea más fácil, especialmente si preparas el terreno antes de tus vacaciones.

## Antes de tus vacaciones

### Escoge tus tareas y ponlas en espera

Dedica la semana anterior a tus vacaciones anuales o semestrales a limpiar sin piedad tu lista de tareas: ahora es el momento de trasladar todas esas actividades desagradables o largamente descuidadas de tu lista de tareas principal a una lista de «algún día/tal vez/nunca».

Haz una breve lista de prioridades de lo que realmente necesitas o quieres abordar durante la semana —o las dos semanas— después de las vacaciones, y anota por dónde comenzarás con cada una. (Me gusta hacerla en un bloc de notas digital como Evernote, pero podrías ponerla en Google Drive o incluso en un documento de Word).

Configura alertas que te recuerden en una fecha y hora específicas cualquier tarea que debas iniciar durante la primera semana, en caso de que te lleve uno o dos días consultar tu lista de tareas.

Junto con tu lista de prioridades clave, haz una lista separada de tareas interesantes o sencillas que puedas abordar la primera semana, para que puedas completar algunas tareas entretenidas mientras esperas a que tu cerebro de trabajo vuelva a ponerse en marcha.

## *Aparca en una pendiente cuesta abajo*

Una perla de sabiduría sobre la escritura recomienda «aparcar en una pendiente cuesta abajo»: acaba el escrito de tu día dejando una nota sobre dónde vas a reanudarla al día siguiente. En realidad, es más fácil dar el siguiente paso de un proyecto que ya está en marcha que comenzar desde una página en blanco, así que «aparca» al menos un par de proyectos en una pendiente cuesta abajo y escribe una nota sobre dónde retomarlos.

Si eliges qué proyectos acabar antes de las vacaciones y cuáles dejar para tu regreso, deja los retos más agradables o interesantes sin terminar, de esa manera tendrás algo que estarás deseando hacer cuando regreses. Prepara una carpeta de correos electrónicos o un cuaderno con proyectos en Evernote para ayudarte a poner en marcha tu trabajo lo más fácilmente posible.

## *Menos expectativas para el regreso*

Concédete un pequeño margen para regresar al flujo de comunicaciones en línea poniendo límites en tus mensajes previos a las vacaciones. Cuando configures tu respuesta automática de ausencia de la oficina, di a tus remitentes que atenderás el correo electrónico un par de días después de reincorporarte de las vacaciones. Mi mensaje de vacaciones siempre dice que, si bien trataré de salvar el retraso, no puedo garantizarlo, por lo que deben enviar un nuevo correo electrónico después de la fecha X si necesitan una respuesta.

Concédete también un margen de maniobra para tu regreso a cualquier red social en la que participes de forma habitual; si estás preprogramando las actualizaciones de redes sociales para tus vacaciones —con una herramienta como

Hootsuite o Buffer—, o simplemente le estás diciendo a la gente que cesarás tu actividad mientras no estés, permítete un período adicional de tres a siete días antes de volver a reanudar tu horario habitual de publicación en redes sociales.

### Planifica tu primera semana de reincorporación

En tu calendario para la semana que regreses deja una gran cantidad de tiempo libre, para no tropezarte con cinco días de reuniones consecutivas. Igualmente importante: programa un par de citas para la comida o el café con personas con las que disfrutas, para que tengas algo que esperar con ansia.

## A tu regreso

### Mantente en modo sigiloso

Aplaza tus respuestas de correo electrónico durante uno o dos días más, para que tus colegas y clientes no esperen una respuesta instantánea. En la misma línea, mantente desconectado de la red de chat dentro de la oficina y evita otras redes sociales internas y externas —como Slack, Yammer, Twitter y LinkedIn— o limita tu participación a uno o dos períodos cortos al día. Deja Skype y otros sistemas de chat en el modo «no molestar» y apaga el timbre de tu teléfono. La única excepción: elige un canal —como Google Chat o Facebook Messenger— para volver a conectarte con tu familia, tus amigos y, tal vez, con uno o dos de tus colegas preferidos.

### Haz que el trabajo sea divertido

Dedica tu primera semana a hacer las tareas desatendidas con las que realmente disfrutas. Soy un fan incondicional de la productividad, así que —¡sorpresa!— mi idea de diversión es limpiar la configuración de mis dispositivos y agregar o mejorar las herramientas de mi kit de productividad. (La tienda de aplicaciones de Apple siempre tiene un pequeño aumento de ingresos la semana que vuelvo de vacaciones).

## Usa la tecnología para distraerte

Lo sé, lo sé: la distracción digital no es sana. Pero en este momento realmente puede servirte al alejar tu mente del sufrimiento de estar de vuelta en el trabajo. Cuando estés trabajando solo en tu escritorio, escucha una nueva lista de reproducción de Spotify para entretenerte mientras te pones al día con las tareas rutinarias. Cuando asistas a una reunión —especialmente a una de esas que temes—, mantén tu teléfono conectado y date el lujo de echar un vistazo intermitentemente a Twitter, Flipboard o cualquier otra cosa que te impida ponerte de pie y hacer un paro al estilo de Don Draper.

Y, si estás desesperado y simplemente quieres dejarlo todo, pon una alerta en tu calendario de hoy de entre tres y seis semanas, que diga «pensando en dejar mi trabajo», y luego borra la idea de tu mente hasta que aparezca la alerta. Es bastante probable que para entonces vuelvas a estar al corriente con todo y, si no ... bueno, probablemente deberías comenzar a pensar en tu plan de salida.

Aunque te quede un resto de resaca tras las vacaciones, recuerda que eso no es necesariamente algo malo: es más probable que sea una señal de que has desconectado bien del trabajo, que no una señal de que has regresado al trabajo equivocado. Configura tus recursos tecnológicos para minimizar el dolor de la transición al trabajo y maximizarás los efectos reconstituyentes de las vacaciones.

---------------

**Alexandra Samuel** es conferenciante, investigadora y escritora. Trabaja con las principales compañías del mundo para ayudarles a comprender a sus clientes en línea y elaborar informes basados en datos, como «Sharing is the New Buying». Es autora de *Work Smarter with Social Media* (Harvard Business Review Press, 2015). Alex tiene un doctorado en ciencias políticas por la Universidad de Harvard. Síguela en Twitter: @awsamuel.

# Índice

# índice

# índice

# índice

Con la garantía de la

# Harvard Business Review
# Serie Inteligencia Emocional

Participan investigadores de la talla de

**Daniel Goleman, Annie McKee** y **Dan Gilbert**

# Guías Harvard Business Review

Consejos inteligentes de una fuente fiable

Harvard
Business
Review
Press

## ADQUIERE EJEMPLARES PARA TU EQUIPO, TU EMPRESA O SUS EVENTOS

revertemanagement@reverte.com

También disponibles en formato e-book

**Michael D Watkins** es profesor de Liderazgo y Cambio Organizacional. En los últimos 20 años ha acompañado a líderes de organizaciones en su transición a nuevos cargos. Su libro, **Los primeros 90 días**, con más de 1.500.000 de ejemplares vendidos en todo el mundo y traducido a 27 idiomas, se ha convertido en la publicación de referencia para los profesionales en procesos de transición y cambio.

Las empresas del siglo XXI necesitan un nuevo tipo de líder para enfrentarse a los enormes desafíos que presenta el mundo actual, cada vez más complejo y cambiante.

Este libro presenta una estrategia progresiva que todo aquel con alto potencial necesita para maximizar su talento en cualquier empresa.

Publicado por primera vez en 1987 **El desafío de liderazgo** es el manual de referencia para un liderazgo eficaz, basado en la investigación y escrito por **Kouzes** y **Posner**, las principales autoridades en este campo.

Esta sexta edición se presenta del todo actualizada y con incorporación de nuevos contenidos.

**Solicita más información en revertemanagement@reverte.com www.reverte.com**

También disponibles en formato e-book